Corporate Social Responsibility

アジアのCSRと日本のCSR

持続可能な成長のために何をすべきか

藤井敏彦　新谷大輔［著］

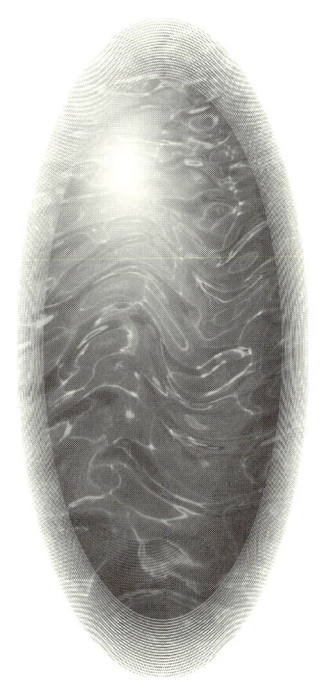

日科技連

まえがき

　CSR（企業の社会的責任）は、ある意味、論じようとすればいかようにも論じられる題目である。CSRの「本質」は論者の数だけあると言っても差し支えないかもしれない。そして、特定の書物や講演で論じられるCSRの「本質」は、実際にその書物を手にし、講演会場に足を向けるまでもなく、著者や演者の研究分野か経歴を見れば、大半の場合概ね察しがつく。この一種の予見可能性の高さは、多忙な関係者の時間をムダにしないという点でCSR論壇の長所のひとつである。

　言うまでもなく、本書で展開されている論はそのような数多ある議論のひとつにすぎない。ただ、共著の新谷大輔氏とともに、書き進めるにあたっては読者の「予見」を裏切るよう試みた。これは不遜なことであり、同時にハタ迷惑なことでもあるわけだが。各論点に共感を覚えていただけるか否かはひとえに各読者のご判断に委ねるしかないが、少なくとも新鮮さは感じていただけるのではないだろうか。もし、おもしろいな、と思っていただけるとすれば、我々の意図は大成功である。予想の範囲内の議論にはそのような感想はおもちいただけないだろうから。定型的な説明──これは避けるべきものとして執筆を進めた。非定型的で、創造的な（少なくともそのように目指した）切り口が日本のCSRを少しでもより実りあるものにすることを願っている。

　本書は、まず日本のCSRを再考し、その上に立って日本企業がアジアでCSRを実践するために求められるものを指摘した。日本とアジアをCSRという視点でつないでいる。アジアのCSRに私が興味をもったきっかけは、中国政府の態度の急変である。当初、中国政府は人権などの「西欧」の価値観を押し付けようとするものとしてCSRを排除した。この中国当局の反応は、過去の中国の政策の延長線上にあるものであり、ごく自然なものであった。むしろ、驚かされたのは、中国政府がある時期に突然CSRに前向きの姿勢を示したことである。そこには当然のことながら、さまざまな政策的な目的と思惑が交錯していた。そのような目的や思惑を抜きにして「中国でもCSRが盛り上がっている」と片づけてしまうことは、我々2人がぜひとも避けたいと考えた

類の説明である。

　ここ数年、BOP（ボトム・オブ・ザ・ピラミッド）ビジネスや社会的企業が、とりわけ発展途上国の開発問題の文脈で注目を浴びている。われわれは本書において「BOPビジネスや社会的企業はCSRと区別すべき」と指摘しているが、このような視点はまだ一般的なものではないだろう。私の知る限り大半の解説はCSRを巨大な風呂敷にして何でも包み込んでしまう。そのことで見えなくなることがたくさんある、と思うのだが。本書は主に、アジアを題材にしてCSRにおける「開発」問題についても再考を試みている。

　日本のCSRは、よい方向に向かっている。ただ、現状に甘んじるべきではない。日本のCSRを批判的に論評し、もう一歩前進するためには何が必要であるかを指摘するよう試みた。CSRと企業の競争力の関係についてもしかりである。CSR活動を通じてお客様に愛され、SRIファンドに選ばれて資金調達も円滑に進む、といった読者各位がすでに十二分に馴染まれているであろう説明はしていない。アジアに向かい、広がる日本のCSRを考えようと努めた。そのことは必然的に、日本および日本企業にとってアジアがもつ意味を地政学的観点も含む高い視点から俯瞰し、次にアジアでの地に足のついたCSRの実践に視点を移して接写する2つのカメラを切り替えながら考えることを伴った。両方のカメラが捉えた像に一体的説明を与えることを試みている。

　新谷大輔氏を共著者として迎えられたことは、私にとってたいへん幸いなことであった。新谷氏とはまったく面識がなかったが、たまたま一緒になったある研究会で新谷氏が講師に向かって発した質問を聞いた瞬間、新しい本の共著をお願いすることを決めた。同氏がアジアのCSRについて日本で最も通暁した研究者であり実務家であることを知ったのはその後のことである。

　賢明なる読者諸氏が本書を読み終えられたとき、アジアのCSRに精通し日本で企業人としてCSRを実践している新谷氏と、ヨーロッパでCSRを学び日本で行政官としてCSRを考えている私の共同作業が有機的なものとしてなにがしかの新しい価値を生み出している、とお認めいただけるとすれば、筆者2人にとってこれに過ぎる幸せはない。

　日科技連出版社の清水彦康氏および木村修氏には前々著『ヨーロッパのCSRと日本のCSR』、そして前著『グローバルCSR調達』に続き3度お世話になった。筆の遅い書き手に忍耐と寛容の心をもって接してくださったことも含め、本書を実現させた両氏の献身に深い感謝を捧げたい。

最後に、さまざまな形で意見交換の機会を与えてくださった多数の企業、研究機関、市民団体関係の方々に深く御礼を申し上げたい。私にとっての執筆とは、お目にかかった方々からいただいた意見や質問を何度も何度も反芻する作業にほかならない。

2008 年 10 月　東京の自宅にて
藤井敏彦

アジアのCSRと日本のCSR ◎目次

まえがき……………………………iii

第1章　日本のCSR再考：「企業の公共政策」としてのCSR…………1

1.1　企業の公共政策としてのCSR……………………………1

1.1.1　日本のCSRの進展……1
1.1.2　公共政策としてのCSR……2

1.2　アジアのCSRを考える尺度……………………………6

1.2.1　多様な公共政策課題と政府の対応能力……6
1.2.2　幅広い課題……7
1.2.3　利害調整役としての企業……8

1.3　社会、環境問題の解決策を事業に統合する……………………9

1.3.1　難しい「統合」の要請……9
1.3.2　統合の要請とアジア……10

1.4　企業活動が社会に与える影響……………………10

1.4.1　事業活動が社会に与える正の影響……11
1.4.2　BOP（ボトム・オブ・ザ・ピラミッド）ビジネスのプラス効果……12

  1.4.3 製品・サービスそのものがもたらす正の影響……13
  1.4.4 社会貢献活動によるプラス効果……14
  1.4.5 事業活動、製品・サービスが社会に与える負の影響……14

1.5 CSR が存在する場所……18

  1.5.1 自らが落とす影を短くする……18
  1.5.2 公共政策課題の解決に資する事業活動……19
  1.5.3 公共政策課題と商業性の両立……20

1.6 社会的価値の実現のための CSR……22

  1.6.1 社会的価値実現の手段としての企業……22
  1.6.2 日本の CSR にまだ欠けているもの……23
  1.6.3 アジアの CSR 理解の多様性……25
  1.6.4 多様な CSR を考える指針……26

第 2 章 アジアの CSR……29

2.1 アジアにおける CSR の形態……29

  2.1.1 外資企業の現地法人 「よそ者」から「土着化」へ……30
  2.1.2 外資企業と取引のある企業の CSR 調達への対応……33
  2.1.3 地場企業……35

2.2 CSR を推進させるさまざまな動き……48

  2.2.1 CSR ネットワーク……48
  2.2.2 CSR 関連国際会議とその意味……48
  2.2.3 SRI 事情……52

2.3 ケーススタディ……53
   2.3.1 国家電網（中国）……53
   2.3.2 タタ・スチール……59
   2.3.3 ワンダーワールド・プロダクツ
      （Wonderworld Products Co.,Ltd.／タイ）……69

第3章　日本企業にとってのアジアとCSRの視点……75

3.1 アジアとの関係からCSRを再認識する……75

   3.1.1 日本にとってのアジアの重要性……75
   3.1.2 アジアでなぜCSRなのか……76

3.2 CSRを具体的なプロセスに落とし込む……79

   3.2.1 ビジネスと社会の統合……79
   3.2.2 マテリアリティ……81

3.3 アジアで事業を行うために必要なCSR……83

   3.3.1 投資環境の整備とCSR……83
   3.3.2 CSR調達……85

3.4 持続可能な成長を促すCSR……85

   3.4.1 インフラ関連事業におけるCSRの視点……86
   3.4.2 あらゆる産業に存在する持続可能な成長の視点……88
   3.4.3 環境ビジネスとCSR……89
   3.4.4 賄賂とCSR……91

3.5 アジアのCSRは日本に何をもたらすのか……93

3.5.1 「パラダイス鎖国」にある日本のCSR……93
3.5.2 チェックシート型CSRからの脱却……94
3.5.3 アジアにおける社会的課題を認識する……95
3.5.4 アジア企業のCSRに学ぶ……96

第4章　ソーシャル・ビジネスとCSR……97

4.1　本業を通じたCSRの意味……97

4.2　ソーシャル・ビジネスとは……98

4.2.1 社会起業家とソーシャル・ビジネス……98
4.2.2 社会的企業（ソーシャル・エンタープライズ）とCSR……99
4.2.3 民間企業とソーシャル・ビジネス……102

4.3　BOPビジネス……103

4.3.1 BOPとは……103
4.3.2 BOP市場……105
4.3.3 BOPとCSR……106

4.4　インドとソーシャル・ビジネス……113

4.4.1 ICICI銀行……114
4.4.2 ITC（インドたばこ）……115
4.4.3 グローバルなCSR動向への対応……117

4.5　開発の効果拡大のために……118

4.6　企業の開発への課題……120

4.6.1　貧困問題における企業の役割……120
4.6.2　ミレニアム開発目標とグローバル・コンパクト……122
4.6.3　"Business Call to Action"……127

第5章　アフリカの成長と企業の役割……131

5.1　アジアとアフリカの社会経済的環境……131

5.1.1　ミレニアム開発目標中間評価〜アジアの発展が寄与……131
5.1.2　アフリカの現在……132

5.2　アフリカへのアプローチ……134

5.2.1　援助によるアプローチ……135
5.2.2　民間セクターのアフリカの社会的課題へのアプローチ……136
5.2.3　国連連携とキャンペーンへの協力……140

5.3　日本企業のアプローチ……141

第6章　CSRを競争力につなげる道筋……145

6.1　競争力につながる道筋……145

6.1.1　競争力とCSRの関係……147
6.1.2　リベラル思想の影響……148
6.1.3　企業にとっての利点……150
6.1.4　将来のゲームのルール……152
6.1.5　イノベーション……154

6.2　社会発のイノベーションへのステップ……………………………157
　　6.2.1　ステークホルダーを認知する能力……157
　　6.2.2　ステークホルダーの要求を理解する……160
　　6.2.3　取捨選択……162

6.3　ステークホルダーの要求の戦略的価値……………………………163
　　6.3.1　希少性：経営資源の囲い込み……163
　　6.3.2　正当性：リスクを読む……164
　　6.3.3　成長性：ビジネスのタネを読む……166

6.4　社会発のイノベーションの具体像……………………………………167
　　6.4.1　希少性、正当性、成長性のイノベーション……167
　　6.4.2　ルールづくり……170

6.5　CSRで組織力を高める……………………………………………172

第7章　日本のソフトパワーとしてのCSR……………………175

7.1　「光の中の影」と「光の外の影」………………………………175
　　7.1.1　繊維産業の労働条件……175
　　7.1.2　グローバリゼーションの影とCSR……177

7.2　「失われた10年」に起こった世界的変化……………………178
　　7.2.1　「失われた10年」の前の世界経済地図……178
　　7.2.2　「失われた10年」の後の世界経済地図……179
　　7.2.3　ビジネスモデルの進化……180
　　7.2.4　新しい世界的課題の出現……181

7.3 新興市場の成長の持続可能性······183

7.3.1 工業化とガバナンスの改善の速度の差······183
7.3.2 環境問題の深刻化······183
7.3.3 成長の経済的ボトルネック······183

7.4 CSR と新しいグローバル経営······184

7.4.1 新しい「グローバル経営」······184
7.4.2 世界観をもつ······184
7.4.3 新しい世界観を涵養する CSR······185

7.5 なぜ「アジア」の CSR を考える必要があるのか······186

7.5.1 今形づくられつつあるアジアの歴史······187
7.5.2 日本のソフトパワーとしての CSR······188

あとがき······197

参考文献······201

索　引······203

著者紹介······208

装丁・本文デザイン＝勝木雄二

第1章

日本のCSR再考：
「企業の公共政策」としてのCSR

　CSRを発展させるためには、「企業の公共政策」、「社会、環境問題の解決方法を事業に統合する」という2つの視点が重要である。CSRを「企業の公共政策」と捉えることによって、企業に問われる事柄が社会によりさまざまであることや、場合によっては軍事政権の人権侵害への対応までが問われるという、企業に問われる問題の幅広さが理解できる。また、「統合」の要請を考えることによって、CSRが「企業活動が一般に社会に及ぼすよい影響」や「慈善」とは一線を画す新しい概念であることもわかる。問題への対処を事業に統合すれば、事業とともに公共政策課題の解決が反復され、拡大する。「公共政策」を受け止め、そしてその解決策を事業に「統合」することによって社会的価値が実現するのだ。これら2つの視点は経済発展段階や価値観が多様なアジアのCSRを考える上でもよい羅針盤となる。

　本章では、まず、ヨーロッパで生まれたCSRの成り立ちをおさらいし、以上の視点から日本のCSRをグローバルな領域に解き放つための発想について述べる。

1.1　企業の公共政策としてのCSR

1.1.1　日本のCSRの進展

　最初の著作『ヨーロッパのCSRと日本のCSR―何が違い、何を学ぶのか』を刊行してから3年余りが過ぎた。今日に至るまで日本におけるCSRの捉え

方はずいぶん変化したと感じる。

　日本は、法令違反に関する企業不祥事の頻発を機に、「CSR」という言葉を取り入れた。CSRが語られ始めた2001～2003年ごろ、雪印食品（2001～2002年の牛肉偽装）や三菱自動車（2000年のリコール隠し、2004年にも発覚）の事件は固有で特殊な事件かと思われたが、実際には氷山の一角であることがわかった。今日に至っても法令違反の事件が減じる気配はない。

　しかし、事件に対する報道は変わってきているように思う。顕著な変化は、当時のようにCSRの名において法令違反事件を断罪する向きがほとんどなくなったことである。CSRの権威が紙上に駆り出されることも、私の知る限り、もはや希である。CSRと法令遵守には質的差異があるとの理解は、企業関係者の間に浸透した。欧米では、法令遵守はCSRに含まれないことも広く認知されている。

　また、当時の日本企業のCSR報告書は、環境報告書の内容をそのままに、看板だけを「CSR報告書」や「持続可能性報告書」と掛け替えた感が強かった。しかし、この点もずいぶんと変化した。依然として環境の比重は高いが、それでも従業員教育や開発問題などを広角的に論じる傾向は明瞭である。多くの優秀な参加者を得て、日本のCSRの考察は今後とも深まっていくだろう。その際、個人的には2つ重要な視点があると考えている。1つは公共政策の視点である。もう1つは社会、環境問題の解決策を事業に統合していくとの視点である。2つの視点は日本企業がアジア、さらにアフリカを睨んでCSR戦略を実施していく上でも有益な指針になると思う。

1.1.2　公共政策としてのCSR

(1) 政府の限界が生んだCSR

　当初、国内ではCSRを企業倫理の領域の問題と捉える傾向が顕著だった。もちろん、企業倫理的接近は有益である。しかし、同様に重要なことは、CSRはそもそも公共政策の領域で生まれた概念であることだ。前著の引用[1]から始めたい。

　「CSRを生んだ大きな要因の1つは政府の限界が認識されたことである。世

1　拙著『ヨーロッパのCSRと日本のCSR ―何が違い、何を学ぶのか』、2005年、日科技連出版社、p.83

の中には多種多様な社会問題があり、それぞれが独自の解決方法を必要としている。(中略) 政府は交錯する利害を調整しながら規制を策定し、企業は規制を遵守する義務を負う。(中略) 他方で政府の限界が近年強く認識されていることも事実である。ニートと呼ばれる若年失業者に関する問題、デジタル社会での個人情報保護の問題、有害性が疑われている化学物質の使用の問題、外国における児童労働問題、のいずれも政府のみで根本的な解決をすることは難しい。制度的な限界、時間的な限界、科学的検証の限界、または主権の及ぶ地理的限界から一国の政府が対応できることには限界がある。社会の複雑化、技術進歩の加速化、企業活動のグローバル化の進展は利害調整役としての政府の役割を縮小させている。」

その結果、図表1-1のように市民社会は政府を通さず企業に直接問題を提起する。CSRのエッセンスは法令、規制という制度的合意のない領域で社会的責任を「判断」をし「実行」することである。

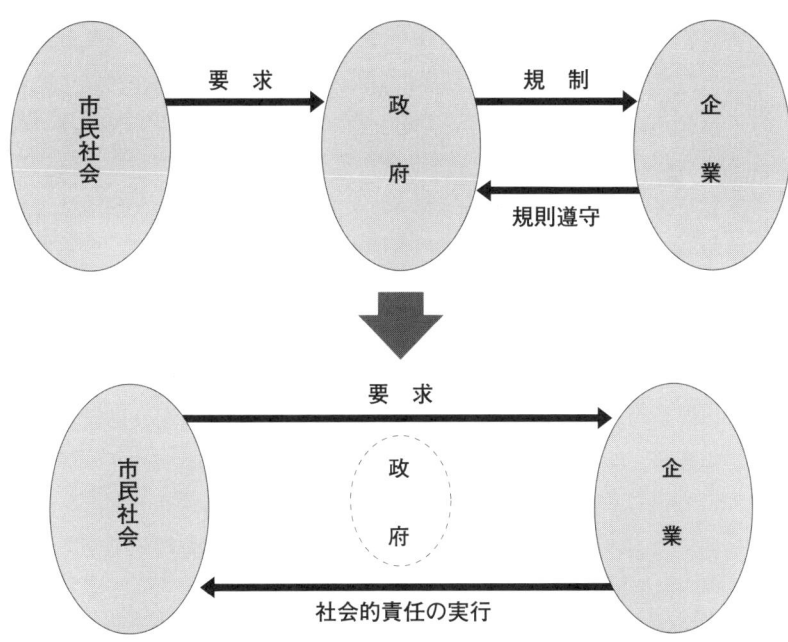

図表1-1　政府、市民社会、企業の関係の変化

(2) CSRの生い立ち

　CSRの生い立ちを振り返ればCSR概念の生成がなぜ公共政策の要請であったのかが明瞭になる。ヨーロッパの若年失業、そしてそれに起因する社会不安が、CSRという概念が持ち出された根のところに存在した。

　ヨーロッパの各国政府は若年失業の問題をなんとか解決しようと試み、さまざまな対策を練った。なかでも大きな柱であったのが、中高年の仕事を若者に振り向けることであった。年金等さまざまな面で早期退職に対する優遇策が用意された。ヨーロッパでは多くの人が優遇策を歓迎して職を離れた。結果として政策の中間目標である中高年の離職促進は達成された。

　他方、政策の究極的目標は達成されなかった。中高年が離職することで「空いた」ポストが失業している若者に提供されることはあまりなかった。折からの不況の中で単に消滅するか、または人件費の安い東欧やアジアに移されたのである。

　政府は苦境に立つ。退職促進のために大盤振る舞いをし、財政的負担を背負い込んだにもかかわらず、労働市場への参加率はますます低下し、経済のパイを縮小させてしまった。社会的には「バカンス三昧の退職者」と「明日の不安に苛まれる若者失業者」という世代間の分裂現象が発生する。

　このような状況の中でCSRというコンセプトが次第に形成されていくが、極めて重要なキーワードは「政府の限界」である。「社会的排除」とは、なんらかの理由で個人または社会から排除されてしまうことを指すが、失業に起因する社会的排除問題への処方箋を欧州各国の政府は描こうとして、自らの限界を思い知らされる。規制での対応は不可能であった。若者の雇用を義務づける規制などというものは、共産主義体制でもなければ無理である。政府の手持ちのカードでは問題を解決できないことが次第に明らかになっていく。規制で対応できない問題への処方箋として生まれたからこそCSRは法令遵守とは別の概念として整理されているのである。

　そこで、政府は問題解決のために産業界に協力を求めた。政府の協力要請に対するヨーロッパの産業界の回答としてCSRが登場する。CSRの出発点は1995年に出された「社会的排除に反対するヨーロッパ・ビジネス宣言（European Businesses Declaration against Social Exclusion）」[2]である。この

2　http://www.csreurope.org/pages/en/history.html

宣言が後に設立される CSR Europe というヨーロッパの CSR の中心的推進団体の基礎になる。

そこには例えば次のようなことが書いてある。

「高い技能や豊富な経験を持つ者ばかりを採用することは避けるべきだ。そのような採用は未熟練の労働者を罰することに等しい」。

ここに書いてあることがいかにビジネスの常識にとって挑戦的であるか。長期失業の若者の問題を解決するためには、この「非常識」な対応が求められたのである。アメリカ企業は「ベスト・アンド・ブライテスト」の人材を集め、利益を極大化し、そしてその一部を社会貢献にまわす。しかし、ヨーロッパのCSR は異質である。社会的排除の問題を軽減するために利益を犠牲にして政府の雇用政策に協力しようという運動であった。

つまり、CSR とは公共政策課題に政府では対応しきれないとき、企業が「社会的責任」を担う存在として問題解決に協力すること、すなわち企業が公共政策の一端を担うことを求める概念として誕生したのである。

地球温暖化対策を想起すれば、このような CSR の本質はより理解しやすいかもしれない。二酸化炭素排出量削減の問題は、政府が規制をしない、もしくはできない公共政策課題について、政府が企業に自主的取り組みを求めるという構図の典型例である。

地球温暖化対策を問われて「関連法令を守ります」と答える企業はないだろう。そもそも守れば地球温暖化が防止できる規制がないのだから。地球温暖化

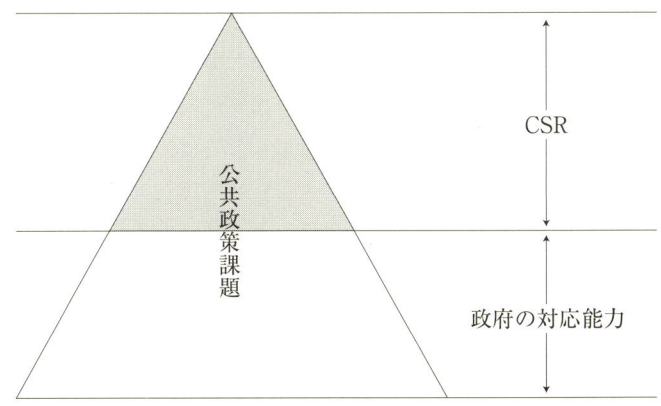

図表 1-2　CSR ＝（公共政策課題）－（政府の能力）

を効果的に防止できる規制がつくられれば、その時点でこの問題への対処は法令遵守の領域に収斂する。しかし、それまでの間は、企業が自主的に公共政策を担う、「企業の公共政策」としてのCSRの領域の問題である。

「企業の公共政策」としてのCSRの領域を定式化すれば、図表1-2のとおり、「CSR＝（公共政策課題）－（政府の対応能力）」となる。社会として解決をしなければならない問題と政府の問題解決能力の差分が企業に社会的責任として問われるのである。

1.2　アジアのCSRを考える尺度

「企業の公共政策」としてCSRを捉え、規制や法令という社会的に合意された処方箋のない領域で企業がいかに公共政策課題に応えることができるのか、との視点を持つことは、アジア、さらにはアフリカでCSRを実践する上で以下の点で有益である。

1.2.1　多様な公共政策課題と政府の対応能力

解決すべき社会的課題は、グローバルな課題とローカルな課題の2つに大別できる。

1つ目のグローバルな課題とは、国や地域のちがいを超えて共通に認識されているものである。例えば第4章で取り上げるミレニアム開発目標や国連グローバル・コンパクトはその例である。

もうひとつのローカルな課題とは、ある国や地域に特有な事情を反映した公共政策課題である。何が問題となるかには、経済の発展段階も影響する。例えば、日本において若者の不安定な派遣労働は解決すべき社会問題として認識されている。しかし、サブサハラのアフリカにおいて日雇いの不安定さが、もし仮にそのような現象があったとしても、深刻な社会的課題とみなされることはないだろう。他により深刻な問題が山積しているからである。社会によって公共政策課題そのものがちがう。経済発展段階のみならず文化的背景や社会の過去の経験、さらには政治体制もどのような問題が公共政策課題となるかに関連する。

「（公共政策課題）－（政府の対応能力）」の引き算のもうひとつの変数である政府の対応能力も、公共政策課題と同様に国によって多様である。例えば、

政府が基礎的教育機会すら十分提供できない国は少なくない。教育や公衆衛生といった先進国ではおよそ企業に問われることのない類の問題が、そのような国では企業の社会的責任の問題として語られる。また、企業が事業を行う上で最低限必要な港湾や道路などの社会基盤の整備や、従業員およびその家族の健康衛生対策は、先進国はもとより、多くの途上国でも一般に政府によって公共サービスとして提供されるが、アジアやアフリカ、その他の地域の最貧国ではそのような常識は必ずしも通用しない。それらの地域では、鉱山開発に伴う地元住民への公共サービスの提供や工場従業員の感染症対策などもCSRの問題に包含される。

また、法令を立案・実施する能力に欠く政府も例外的存在ではない。CSR調達の問題は、企業が行動規範（コード・オブ・コンダクト）という一種の私設法規をつくり、自前の労働基準監督局を動員してサプライヤーを取り締まるといった側面がある。政府の能力が欠けている部分を企業が補っているのである。当局による労働基準監督が行き届いている国ではCSR調達の要請は高くないだろう。このように、上記引き算の「答え」としていかなる問題が企業に問われるかは一様ではない。

基本的生存権に関する問題から高度な社会的参加や環境保全の問題に至る、CSRとして問われる問題のある意味の「水準」の多様性を理解する上で「企業の公共政策」の視点は一助となる。

1.2.2　幅広い課題

CSRを企業が公共政策を担うこと捉えるもうひとつの利点は、企業に問われる問題の間口の広さが理解できるようになることである。公共政策課題は当然のことながらさまざまな事象に及ぶ。アジアにおいて問われる問題の広さを象徴するひとつの例がミャンマーにおける企業活動への批判である。パリに本部を置く国際石油資本のトタル社に対し同社のミャンマーでの事業が軍事政権を潤しているとの批判が向けられている。

2007年秋、ミャンマーの軍事政権が民衆の抗議行動を武力鎮圧し犠牲者が出た。ことの成り行きは各国で大きく報道された。このときの日本とヨーロッパのメディアの反応の差異は興味深い。日本では、政府の外交方針、とりわけ制裁の強化を求める論調が多く、いずれにせよ問いかけは政府に対してなされた。しかし、ヨーロッパでは、トタル社の例のように政府だけではなく、企業

にも CSR の問題としてさまざまな論点が提起された。

　国内では関心を引くことはなかったが、多くの日本企業がミャンマーで事業を展開しており、すでにアメリカやヨーロッパの NGO から指弾されている企業もある。筆者には、ミャンマーで事業をすることがすなわち悪であるといった過度に単純化された議論に与（くみ）する意図はない。むしろ、関心を喚起したいポイントは、企業の社会的責任として語られる事柄の彼我の差である。ミャンマーで起きたことに限られない。人種隔離政策をとった旧政権時代の南アフリカもまた然（しか）りである。欧米の NGO は日本企業を含む多くの企業がアパルトヘイトの維持に直接、間接の協力をしたと強い批判をしている。

　アジア、アフリカにおいては、残念ながら今なお「主権国家による自国民の人権侵害」は現実離れした問題設定ではない。企業がこのような問題への対応を自己の社会的責任の一部として引き受けるためには、CSR の射程を外交政策をも含んだ公共政策一般に拡げておくことが必要となる。

1.2.3　利害調整役としての企業

　CSR を「企業の公共政策」と考えることの 3 番目の利点は、ステークホルダーが提示するさまざまな異なる価値観の調整役の労をとることの必要性が理解できることである。先に政府は交錯する利害を調整すると述べたが、企業が公共政策を分担する際には、同様の役割が企業に回ってくる。ミャンマーの例を続けよう。ヨーロッパではトタル製品への不買運動が起こった。一方、トタル社は同社の投資と事業がミャンマーの市民の生活の向上に寄与していると反論している。一般論として言えば、同社の主張はおかしなものではない。

　無論、投資の社会に対する直接的、間接的なプラスの波及効果は否定できないだろう。しかも、特定の会社の資源開発が停止したからといって、軍事政権が民主化に追い込まれるかどうかは定かではない。単に NGO の圧力を気にかけない他国の石油資本がとって代わるだけ、という可能性も否定できない。しかし、一方で誰のためでもなくトタルのガソリンスタンドの前で不買運動を展開する人たちがいるのである。

　相矛盾する要請を自らの中で整理して対応する、いわば複眼的思考をするために公共政策としての視点が必要となる。ある会社が軍事政権下の国で事業を展開していると想定してみよう。多くの人を雇用し、現地の従業員に敬意をもって接している。社会貢献にも積極的である。この会社の寄付のおかげで多く

の子どもたちが学ぶ機会を与えられている。地域社会で歓迎され尊敬されている。「愛される」企業である。

他方、この会社が納める巨額の法人税は、軍事政権の大きな収入源となっている。合法的に事業を行い、法律に従って納税している。しかし、兵士が装備する銃も軍の装甲車の一部もこの会社が納めた税金によって賄われており、彼らの銃口は民主化を求める市民に向けられている。

企業は時としてこのような大きな矛盾の中に身を置くことになる。不買運動をしている活動家に対して、善意の社会貢献活動を強調してみても、事業の合法性を主張してみても、あまり効果は期待できないであろう。ここにおいて「善意」は相対化し、「法令遵守」の評価も文脈依存的となる。

公共政策には、ほぼ必ず相対立する利害がからむ。いかなる政策を立案遂行しようとも、政府は宿命的に批判の対象であり続ける。万人から「愛される」公共政策は、残念ながら存在しない。同様に、CSRが企業の公共政策である以上、「愛される企業」を目指すことがCSRであると捉えると、実施する上で困難をもたらす。愛されることは常に素晴らしい。しかし、誰に愛されるべきなのだろう？ 進出先の政府か、欧米のNGOか、株主か。はたまた、一般消費者か。すべてのステークホルダーから諸手をあげて歓迎される対応、八方美人の策は仮にあったとしても例外的だろう。企業は、相対立する利害を調整しながら微妙な均衡点を探さざるを得ないことが多い。それが「企業の公共政策」としてのCSRの宿命なのである。

1.3 社会、環境問題の解決策を事業に統合する

CSRを前進させる上でもうひとつ重要だと考えているのがCSRを事業に統合する視点である。公共政策課題と政府の能力の差を埋めるための企業の対応は、概念的には2つの方法がある。ひとつは業務と切り離された形の貢献である。もうひとつは業務に問題解決方法を統合するやり方である。前者は一般に社会貢献活動（慈善活動）と呼ばれる、主に金銭の寄付という形をとる。後者はヨーロッパがCSRという概念を生み出したときにCSRに与えた定義である。

1.3.1 難しい「統合」の要請

CSRをビジネスに統合するとの要請は、時に「本業を通じたCSR」と言い

換えられる。しかし、この言い換えはむしろ誤解の種となることのほうが多いように思われる。なぜなら、本業に勤(いそ)しむことこそが企業が社会的責任を果たす道であると受け止められがちだからである。結果、事業の雇用効果や、製品・サービスがもつ社会的有用性がCSRであると捉える向きも少なくない。例えば「よい薬を通じてお客様の健康の増進に役立つことこそ製薬会社のCSR」といった具合である。

やや皮肉な表現が許されるとすれば、このようなCSRは「お客様満足のCSR」と呼んでもよいかもしれない。かつて日本は法令遵守をあえてCSRと言い換え、結果としてCSRの革新力を希釈してしまった。法令遵守と同様、顧客満足を語るのにCSRを持ち出さなければいけない特段の必然性はない。CSRと叫ばなくても製薬会社はよりよい薬の開発に取り組むだろう。そうでなければ企業はすぐ立ちゆかなくなるのだから。

1.3.2　統合の要請とアジア

事業への統合の要請に応えることは、事業とともに公共政策課題の解決が反復されることを意味する。公共政策課題の大半は一時の善意で解決されるものではない。善意の寄付で最貧国につくられた学校の中には運営費の不足のため行き詰まり、数年で機能を停止するケースも少なくない。統合の要請は、日本企業のビジネス網が張りめぐらされているアジアにおいてとりわけ重要である。日本企業がCSRを事業に統合させれば、アジアの成長と社会・環境問題の改善が同時に進むからである。

CSRに関する「統合」の要請を理解し実践することは、日本のCSRについて残された課題のひとつである。

1.4　企業活動が社会に与える影響

企業の公共政策の視点も用いながら、「統合の要請」に適うCSRはどのようなものか考えたい。俯瞰的に整理してみよう。

企業の活動が社会に与える影響には、

① 事業そのもの、つまり投資をし、雇用を生み、利潤を上げるという行動がもたらす正の影響
② 企業が供給する製品・サービスがもたらす正の影響

③　社会貢献活動、すなわち納税や配当以外の形で利潤を社会に還元することによる正の影響
　④　事業そのものおよび製品・サービスがもたらす負の影響
に大別できる。

1.4.1　事業活動が社会に与える正の影響
　企業が行う事業活動が本質的に伴う投資、雇用、利益配分、そして利益を上げるためのさまざまな組織的努力および技術革新は、社会全体の資源配分を効率的なものにする。生産性が向上し余剰資源を他の用途に振り向けることを可能にする。そのような事業活動の連鎖と拡大によって社会は豊かになっていく。企業の事業活動の最も基本的な社会的有用性である。
　アジアを見れば、企業の事業活動がもたらす社会へのプラスの影響力の大きさは自明である。アセアンに代表される東南アジアはもちろん、中国やインドなどかつて貧困に苛まれていた地域で事態が急速に改善している。現在進行している大規模かつ急速な貧困改善は、おそらく人類の歴史上過去に例をみないものだろう。
　このような好ましい変化は、主に先進国企業による直接投資が引き起こしたものである。アジアその他の発展途上国の多くの漁村、農村が瞬く間に工業製品の輸出基地へと変貌した。過去何百年と土地に縛りつけられ貧困と隣り合わせに生きてきた人々は一定の経済的豊かさと自由を得たのである。
　飢饉で多くの生命が失われることはもはやない。税収が増えた地方政府は衛生対策を講ずることができるかもしれず、その結果、乳幼児の死亡率も下がるだろう。学校も教師も増え、より多くの子どもが教育を受けることができるだろう。よい教育を受けた子どもたちは、将来の社会を支える役割を果たすだろう。
　このような好循環は企業の公共政策的意志に起因するものではない。無数の企業が苛烈な市場競争を勝ち残るためのぎりぎりのコスト削減努力として、生産場所を貧しい途上国に求めた。純粋に市場メカニズムに導かれた利益最大化行動の結果である。貧困撲滅を目的として中国に工場進出をした企業の例は寡聞にして聞かない。仮にあっても例外的であろうし、そのような善意の行動だけだけであれば貧困問題が今日の規模と速度で軽減したとも思えない。
　環境問題もしかりである。先進国が環境対策の面で発展途上国よりも進んで

いる最大の理由は、先進国が環境対策を講ずるに十分な経済力を有しているからである。企業活動がもたらした豊かさが環境対策を可能にする。

1.4.2 BOP（ボトム・オブ・ザ・ピラミッド）ビジネスのプラス効果

　グローバルな公共政策課題の解決にあたって、市場原理に導かれた企業の行動を肯定的に評価する傾向が近年顕著である。その最たる例がBOP（ボトム・オブ・ザ・ピラミッド）ビジネスについての議論であろう。BOPビジネスの議論は、経済ピラミッドの底辺にいる1日2ドル未満で生活している40億人を顧客として捉えて事業を展開することを推奨するものである。そのエッセンスは、過度の一般化を恐れずあえて一言で言い表せば「利益動機が貧困を救う」と表現できる。1980年代に主要先進国間で強い影響力をもった新自由主義経済思想が20有余年の歳月を経て開発の世界に再来した感もある。

　オランダとイギリスに本拠を置く食品、トイレタリーなどの家庭用品の世界的メーカーであるユニリーバ社と国際的なNGOであるオックスファムは、インドネシアで共同調査プロジェクトを実施し、2005年に結果を発表した。調査結果は、ユニリーバの事業は5,000人の直接雇用、30万人の間接雇用機会を創出し、同時に地元産業の拡大をもたらしているとの肯定的評価を下している。例えば、同社のシャンプー事業について、製造、加工から小売りまでのバリューチェーンの各段階の雇用創造効果が測られている。図表1-3のとおり、各段階が得ている粗利益率が計算されている。ユニリーバが同製品から得た粗利益率（14％）は同製品が全体として生み出した粗利益率（45.5％）の3分の

	売上（億ルピア）	粗利益率（％）
生産者	4823	10
加工者	5131	6
ユニリーバ	5966	14
流通	6205	4.5
小売	6887	11

（出典）　Jason Clay, *Exploring the Links Between International Business and Poverty Reduction: A Case Study of Unilever in Indonesia*, 2005, p.79

図表1-3　ユニリーバのシャンプーがバリュー・チェーンにもたらした粗利益率の推計

1である。すなわち、シャンプーのバリューチェーンを通じて、地元企業を含めたユニリーバ以外の事業者が全体として、ユニリーバが受け取った利益率の倍を受け取ったことになる。

　輸出指向型直接投資の受け入れが途上国経済にプラスであることについては異論が少ない。一方、ユニリーバのインドネシアでの事業のような途上国の国内市場を狙った外国企業の直接投資、とりわけ貧困層を顧客とする展開は、地元企業を淘汰し、貧しい人々の所得を吸い上げる「搾取」であるとの見方が根強く残っている。このプロジェクトの意味のひとつは、そのような懐疑論に一定の分析的反証を示したことにある。

1.4.3　製品・サービスそのものがもたらす正の影響

　企業と社会のもうひとつの接点は、企業が生み出す製品・サービスである。公共政策課題を解決する、もしくは緩和する製品・サービスを企業が提供することは、投資や雇用とはまた別の企業の社会への貢献の道筋である。

　模範事例としてよく取り上げられるものがハイブリッド自動車である。水素エンジンもすでに一部で実用化されている。低燃費の自動車や水素エンジンのように化石燃料に依存しない自動車がより広く交通手段として使われれば、さまざまな環境問題の改善に貢献する。

　このような製品は考えていけば大小さまざまある。家電製品の世界でも地球温暖化防止の努力の一環として、エネルギー効率のよい新製品への買い替えが呼びかけられている。

　貧困などの社会問題に役立つ製品・サービスもさまざまある。例えば、遺伝子組換作物は疫病や悪天候に強い耐性をもっており、収穫の安定と増大をもたらす。食料問題の解決に資するだろう。実際、遺伝子組換作物の是非で鋭くEUと対立するアメリカは、遺伝子組換作物こそアフリカの貧困、飢饉の解決策となると主張。安全性を理由として遺伝子組換作物に一貫して否定的な立場をとるEUを批判するのに貧困問題を持ち出している。

　ユニリーバ社の事業の例では、インドネシアの平均的貧困家庭は毎月の支出の5.7%を手洗い石鹸、洗濯関連製品、お茶などのユニリーバの製品の購入に充てていると報告されている[3]。地元の消費者の嗜好にあった製品がより安価に提供されることは、貧困家庭の厚生水準を引き上げ、価格が引き下がった分、実質所得も増大させる。

しかし、発展途上国への直接投資が慈善心の発露ではないことと同様、環境に優しい製品や人々の生活を豊かにする製品も、大半の場合、公共政策的意図から供給されるのではない。企業が競争を勝ち抜くための必然である。燃費のよい自動車は常に市場から歓迎されてきた。したがって、当然のこととして自動車メーカーは燃費の改善に取り組んできた。地球温暖化対策の必要性がハイブリッド自動車の販売を後押ししていることは確かであるが、地球温暖化対策のためにハイブリッド技術が開発されたと言うとすると、因果関係にやや正確さを欠くことになるやもしれない。

1.4.4　社会貢献活動によるプラス効果

　社会貢献活動とは見返りを求めず、もしくは商業的に十分な見返りを求めず、なんらかの社会的、環境的意義が見出せる事柄に金銭その他を提供することである。企業はさまざまな社会貢献活動を行っており、それぞれ好ましい影響を社会に与えている。例えば、日立は敬意を払うべき社会貢献活動に取り組む企業のひとつである。社会貢献活動がとりわけ重要視されているアメリカにおいて、日立ファウンデーションは、毎年米国の非営利団体に寄付を行っている。累計で600件超、総額は3,500万ドルの規模に上る。また、全米各地に展開する日立の事業所に、アメリカ人および日本人従業員で構成される地域活動委員会（Community Action Committee）を設け、それぞれの地域社会が抱える問題や援助を必要とする地域活動を見出し、各事業所と財団が共同で支援する「日立地域活動パートナーシップ」と呼ばれるプログラムも実施されている[4]。もちろん、日立に限らず、多くの企業が社会貢献活動を通じ教育、医療などさまざまな分野で貢献を行い、社会に正の影響を与えている。

1.4.5　事業活動、製品・サービスが社会に与える負の影響

　以上述べてきた企業と社会の3つの関係は、いずれも企業が社会的な課題の解決に貢献するという正の関係だった。しかし、当然のことながら反対もあ

---

[3] Jason Clay, *Exploring the Links Between International Business and Poverty Reduction: A Case Study of Unilever in Indonesia*, 2005, p.89
[4] 日立ファウンデーションホームページ
　http://www.hitachi-zaidan.org/foundation/works/index.html
[5] C. K. プラハラード著『ネクスト・マーケット』、2005年、英治出版、p.112

る。前者を光とすれば影の部分である。C.K. プラハラードは著書『ネクスト・マーケット』において、次のように語っている。

「BOP 市場が新たな問題を引き起こす可能性もある。使い切りパックは BOP の消費力を生み出すうえで恰好のアイデアだが、同時に大きな環境問題ももたらす。インドでは年間 130 億個以上もの使い切りパックが売られており、この傾向は急速に進んでいる。プラスチック製の袋は魅力的だが、微生物が分解できない。つまり、BOP 市場に参入している多国籍企業には、新興市場での包装の問題に対する解決策が要求されているのだ。[5]」

調味料のような製品を考えれば、貧しい人々の手が届くようにするためには、小分けにし、製品単価を下げることが有効である。このことによって人々は従来手の届かなかった製品・サービスを手にすることができる。また、途上国においてビジネスが展開され、多くの人に働く機会が提供される。

しかし、同時にリサイクルなどまだ先の先という土地で小袋販売をすることは、そのビジネスモデルが成功すればするほど環境汚染を引き起こすことを意味する。このような企業活動の二面性、すなわち、事業を通じて社会的課題の解決に貢献する一方で、みずから問題をつくり出してしまうという二面性を認識することが、CSR を理解するためには不可欠である。

企業の事業活動の影の例を 2 つ取り上げる。ひとつはシェルのナイジェリアでの事業の例。もうひとつはとりわけアジアにおいて児童労働に続く新しい労働問題として懸念が強まっている、外国人労働者の強制労働の事例である。

シェルのケースの概要は以下のとおりである。

- シェルのナイジェリアにおける石油掘削事業が環境破壊をもたらしているとの批判が長くなされてきた。
- ナイジェリアの環境活動家が反シェル運動を主導、特定の地区からシェルが撤退するよう要求。
- 1995 年、ナイジェリア政府は中心的活動家を拘束し処刑。
- シェルはナイジェリア政府の反シェル活動弾圧の恩恵を享受したのみならず、活動家の処刑にも関与したとの批判が広まる。
- 環境問題は人権問題に発展、シェルは世界的批判を浴びる。

（出典）高橋俊夫他著『EU 企業論』、2008 年、中央経済社、p.47

なお、シェルはこのような経験に学ぶことによって、今日CSRの先進的企業と評価されるまでになっている。政府が基本的公共サービスを提供する能力を欠いている場合、事業の遂行に必要な社会基盤的サービスの提供がCSRの範疇に入る旨を述べたが、シェルの今日の鉱山開発に伴う地元社会への貢献はそのようなCSRの好例である。

一方、外国人労働者の強制労働の問題は、アジア特有の構造の産物とも言える。今後日本企業も対応を迫られるだろう。アジアでは、タイ、マレーシア等の「成功組」が輸出に導かれて高成長を遂げる一方、フィリピン、カンボジアなどの「失敗組」は後れをとっている。また、「失敗組」の中から中国が抜けだし、もともとの「成功組」を脅かしている。同一地域内に成功した国と乗り遅れた国が共存し、また成功した国の中にも成功の規模と速度には差がある。失敗組の国の労働者は近隣の成功組の国での職を望み、成功組の国は中国との競争に負けないために、安価な外国人労働を求める。結果、あたかも水位のちがいを調整するかのように、労働者が人身売買の対象となってしまう。ブローカーに高額の紹介料を払い負債を抱えた労働者は、外国の工場で約束とちがう低賃金に縛られ、事実上の強制労働を強いられる[6]。ニューズウィークはこの問題を詳細に報じ、次のように語っている。

> ナイキが1990年代に途上国の搾取工場と契約していたことでメディアから強い圧力を受けた。このような搾取工場は、地元の労働者を使う下請け工場が中心だった。(しかし、新しい問題は地元の労働者ではなくフィリピンやカンボジアなどから送られてくる外国人労働者であり) 彼ら外国人労働者の置かれている状況は、(1990年代に問題となった) 搾取工場が相対的に慈悲深いものにさえ思えてしまう (ほど劣悪である)。

(出典) *Newsweek*, April 21/April 28, 2008

また、先進国企業の関与として、日本企業も含めいくつかの事例に言及して

6　*Newsweek*, April 21/April 28, 2008
7　*Newsweek*, April 21/April 28, 2008

いる[7]。うち2つを見てみよう。

ウェスタンデジタル社（ハードディスクドライブ）

- ハードディスクドライブの外殻をつくるマレーシアのローカルテクニック社の従業員の6割が外国人労働者で、彼らは事実上の奴隷的強制労働の状況にある。
- ローカルテクニック社の製品は、世界第2位のウェスタンデジタル社を含め主要なハードディスクドライブメーカーに供給されている。ウェスタンデジタル社は、電子産業界のCSR調達の取り組みである電子業界サプライチェーンにおける行動規範（Electronic Industry Code of Conduct：EICC）に参加している。
- ウェスタンデジタル社は、ローカルテクニック社製品の使用の事実を否定している。

マルハニチロ（水産）

- タイのシリチャイ漁業社は、持続可能な漁業に関する規範であるMSC（Marine Stewardship Council：海洋管理協議会）の漁業認証の制度に賛同しているが、一方で、カンボジア出身の船員が同社の待遇はILO条約上の強制労働にあたるとカンボジアの人権擁護団体に申し出た。
- シリチャイ漁業社の主な顧客はキングフィッシャー社であり、同社は日本の水産大手であるマルハニチロホールディングスが支配している。
- マルハは、もし違法な外国人労働者の採用が事実だとすればシリチャイ漁業社との取引を停止すると述べている。

　顧客に歓迎される製品が実は悲惨な強制労働によってつくり出されているかもしれないという事実をどう考えるべきだろうか。自社の事業活動がグローバリゼーションの歪みに相乗りし、労働者の不幸を「享受」してしまっているとすれば、それは事業活動が落とす長い影だと言って差し支えないだろう。
　もちろん、このような問題はもっぱら海外の問題というわけではない。グローバリゼーションの矛盾は日本国内にも持ち込まれているからだ。近年、工

場の国内回帰が語られる。新規の製造業投資が国内になされることは朗報である。人件費の安い中国の工場に生産性で負けないようなさまざまな工夫、新しい生産方式が実施され、工場の国内回帰をもたらしたとして賞賛されている。

しかし、そのような「光」のストーリーは恐らく事実の半面でしかない。工場が国内回帰できたのは、国内が労働コストの面で「外国化」しつつあるからでもある。外国人労働者、派遣労働者といった調整が自由で最低賃金水準で使うことができる労働者の層が国内に生まれたことと、工場の国内回帰はつながっているのではないだろうか。筆者が知る限り、国内の新工場の青写真を描く段階で、すでにそのような安価な労働力が計算に織り込まれていることは決して例外的ではない。

1.5 CSR が存在する場所

以上のような、企業と社会との接点の中のどこに CSR は存在するのだろう。「事業に統合する」CSR は社会問題や環境問題に対処するために、従来の事業や仕事のやり方を変更することを伴う。このような観点から社会貢献活動が CSR の範疇の外にあることは理解しやすい。寄付やボランティアは、会社の事業活動の領域の外に存在するからである。また、事業や製品によっていずれにせよもたらされる社会への正の影響を語ることが CSR なのでもない。CSR を事業に統合するとの要請は、統合すべき客体としての公共政策課題を認識し、その問題解決策を事業活動に埋め込んでいくという能動的な活動の要請であるからだ。

1.5.1 自らが落とす影を短くする

企業が自らの事業活動や製品・サービスが社会にもたらす負の影響を小さくしようとするとき、そのような取り組みは環境問題や社会問題の解決策を事業の中に統合するとの要請に端的に応えるものとなる。

負の影響を小さくしようとする取り組みは、まず、自社の事業活動や製品・サービスが引き起こしている公共上の問題を自覚しなければ実行不可能である。そして、次にその解決のためには、事業活動の方法や製品・サービスそのものの改変が必然的に必要となるからである。

鉱山開発が地域社会を傷つけているとすれば、開発方法の再検討が必要にな

る。劣悪な労働条件で非正規従業員を使い回しているとすれば、人の使い方、育て方を見直さなければいけない。廃棄された製品が問題を引き起こしていれば、リサイクルを考えなければいけない。製品をリサイクルするためには調達、研究開発、製品設計、販売、ロジスティクスなどさまざまな部署の努力が必要になる。企業が社会に与える「負」の部分を減らしていく取り組みは、事業過程の改変を伴うが故にCSRの「統合」の要請に自然と適う。

1.5.2　公共政策課題の解決に資する事業活動
(1) 事業を通じた公共政策課題の解決

もちろん、CSRは企業活動のマイナスを縮小する取り組みの中だけに存在するのではない。事業活動が結果的にもたらす社会へのプラスの効果や製品・サービスが顧客に当然にもたらす価値を捉えてCSRと論ずることと一線を画した取り組み、つまり、事業遂行の計画や製品・サービスの企画の段階から公共政策課題への対応策が事業や製品・サービスの中に組み込まれた「本業を通じたCSR」も存在する。

CSRが統合された事業活動であるかどうかは、事業の中に公共政策的な意図が組み込まれ、商業性を両立させるような工夫がなされているか否かが峻別線となる。例としてフェアトレードを考えてみたい。フェアトレードとは、発展途上国の原料や製品を適正な価格で継続的に購入することを通じ、立場の弱い途上国の生産者や労働者の生活改善と自立を目指す運動である。例えば、商社がフェアトレードを「損得抜き」で行うとすれば、それは一種の寄付と理解するほうが現実に即している。当然、フェアトレードに社会的価値を認め、収益性を求めずに取り組むことは賞賛されるべきことである。しかし、それは同時に、フェアトレードの事業が他の事業が生む利益に依存していることを意味する。つまり、他の事業から十分な利益が上がらなければ、この種の活動は早晩打ち切られる運命にある。社会貢献活動的アプローチの最大の問題がこの持続可能性の欠如にある。

公共政策課題への対応が統合された事業とは、例えば、途上国製品の輸入にあたって、公共政策課題に応えるための仕組みを取り入れることである。フェアトレードについて単純化された例を使えば、途上国の生産者に生活に必要な賃金を保障するため、サプライチェーンを再編成し中間業者の介在をなくし、そのマージンを途上国の生産者と分け合うことをすれば、輸入側にもビジネス

上のメリットがある。道義心から利益のない取引を引き受けることとの間には大きな溝がある。溝の片方が社会貢献活動の領域で、他の片方がCSRの領域である。

(2) 事業の前提条件としての公共政策課題の解決

　公共政策課題と事業の統合のもうひとつの形態が、事業を行う前提条件たる公共政策課題への対応を、企業自身が行うことである。鉱山開発などに伴う地元社会に対する社会的インフラの提供は、その典型である。しかし、事業遂行の前提条件を満たすための公共政策課題への対応は、必ずしも資源開発の場合に限られない。製造業においても、操業地域の状況によっては、従業員、さらには地域社会の構成員全員の健康対策や、師弟の教育の問題への対応が操業の安定性や品質の確保のために必要となる。重要なことは、このような対応が事業上の目的から必然に導かれ、よって事業から乖離していないことである。

　トヨタの南アフリカ工場のHIV／エイズ対策は、そのような事業の前提としてのCSRの例である。南アフリカでは国民の約4～5人に1人がHIVに感染しており、そのような社会的条件の下で生産活動を行い業績を確保していくには従業員の健康、とりわけエイズ対策は欠かせない。さらに、感染防止の実効を上げるためにも、トヨタは従業員のみならずその家族や地域にもHIV／エイズ対策を拡大させている。

1.5.3　公共政策課題と商業性の両立

　社会問題や環境問題の解決に資する製品・サービスについても、その提供が常にCSRに該当するわけではない。どのような製品・サービスであっても、たいがい、なにがしかの社会的もしくは環境上の意義を付することは可能だからだ。それをCSRとしてしまえば、CSRとは「消費者に歓迎される製品を提供すること」と同義になり、現状肯定的な意味合いしかもたない概念になってしまう。

　例えば自動車が快適な移動の手段を提供する、豆乳は健康によい、というように、当然のこととして顧客にもたらすことが期待されている価値を実現しているにすぎないのか、それとも製品・サービスが社会上の課題への対応策と統合され、それ以上の公共政策価値をもたらすものか、を峻別する要諦は、以下の2点にある。

① 製品・サービスの企画・開発にあたって社会、公共政策上の課題の解決という目的が織り込まれていたか
② 公共的要請への対応は多くの場合、商業性と相反するが、両者を両立させるための創意工夫がなされたのか

　例えば、再生材料の使用やリサイクル設計といった環境要素はコスト増につながることが多い。しかし、消費者が敏感に反応することはあまりない。しかしそれでも再生材料を使うように設計されたとすれば、それはCSRの統合の要請に適う。公共政策課題に応える機能を、コストと折り合いをつけながら供給することにCSRの「事業への統合」の意味がある。
　公共的要請に応えることと同時にビジネスとして成立することを目指した事例として、NTTデータの「FairCast®－子ども安全連絡網」サービスを取り上げてみる。
　同サービス考案の出発点は、子どもの安全確保に貢献をしたいとの担当者の思いである。子どもの安全が今日の日本社会における大きな社会的要請であることは言を待たない。同サービスは通常の情報一斉配信サービスと異なり、メールのみならず電話やファックスにも情報が送られる。メールを使わない家庭も依然として少なくない。したがって、電話やファックスが利用できることは、すべての家庭に情報が伝わるためには不可欠な要素である。あわせて利用料も目的に照らし極めて低い水準に設定されている。一方で、同社では同サービスがビジネスとして独り立ちするためのあらゆる努力を傾注している。
　より一般的に言えば、リサイクル材料の使用やメールを使わない家庭に対する情報配信といった、公共政策上求められるが、一方で商業的に採算をとることを難しくする要素を取り込み、かつ製品・サービスの供給を営利ベースに乗せる、その試行錯誤と努力の結果として公共政策課題の解決策が製品・サービスに統合される。
　公共政策的課題の解決策を事業に統合する、ということを最後の仕上がりから見れば、それは「公共政策課題の解決策が統合された事業」となる。つまり、CSRは最終的に「事業」として成り立っていなければならないのである。
　企業が社会と結ぶ関係の全体像の中で、CSRは図表1-4に示した領域に位置する。企業が社会に落とす自らの影の長さを短いものにする、影の部分を正そうとするとき、そのような自主的で意識的な取り組みは、CSRの領域にた

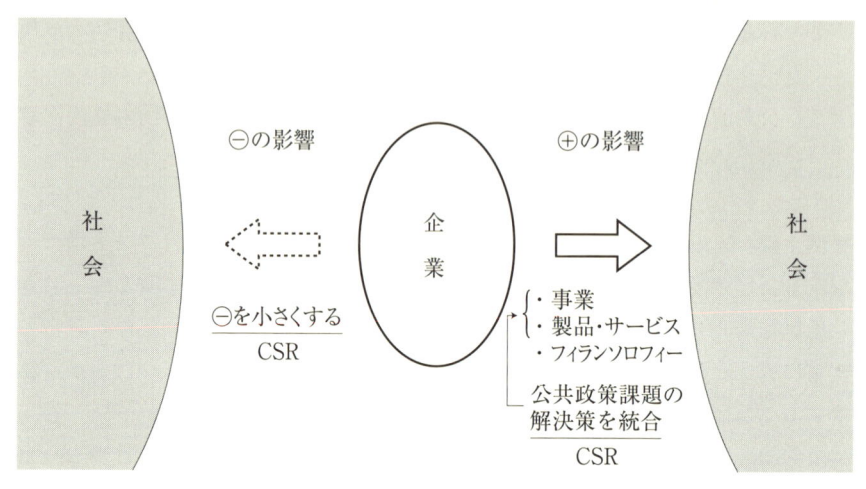

図表1-4　負の影響を小さくするCSRと正の影響を与えるCSR

いがい重なる。また、企業が事業活動や製品・サービスに、公共政策的要請に応えるための要素を織り込みつつ、かつ商業合理性を失わない形で事業を進行し、製品・サービスを提供する場合も「統合」の要請に適う。企業が社会に及ぼす「結果的」な正の影響と区別しなくてはならない。

1.6　社会的価値の実現のためのCSR

1.6.1　社会的価値実現の手段としての企業

　ビルゲイツ氏のような富豪と企業のちがいはなんだろう。裕福な個人にできる社会への貢献は社会貢献活動に限られる。それに対して企業は、事業を通じた貢献ができる。そして、ステークホルダーにとって、企業はあくまで公共政策的価値を実現するための「手段」として位置づけられる。アムネスティ・インターナショナル日本の寺中誠氏は次のように述べている。

　「NGO・NPOの企業批判は『よい企業たれ』との叱咤ではありません。(中略)企業がよくなることは副次的なことであり、それを望んでいるわけではないのです。『社会的価値を実現しろ』というのが、その基本姿勢なのです。[8]」

　CSRを企業倫理の問題として捉えてしまうと、このようなNGOの企業観を

8　寺中誠他著『会社員のためのCSR入門』、2008年、第一法規、p.156

受け止めることが難しくなるかもしれない。

　企業の公共政策としての本質的受動性を理解する必要がある。公共政策課題はステークホルダーから与えられる。この点において CSR は受動的なものである。社会的価値実現の手段としての企業の価値は「富」にあるのではない。事業にある。事業の広がりが社会的価値も拡げていく。だからこそ、次のステップとして、与えられた課題の解決策を事業に内部化する、統合の過程が来なければいけないのである。統合の過程は、能動的な過程である。CSR には、この受動性と能動性の連接が必要である。

1.6.2　日本の CSR にまだ欠けているもの

　自社がいかに社会の役に立っているか、「よい企業」であるか、問わず語りをすること、そこには受動性が欠けている。公共政策課題に対して事業と切り離された行為で対応すること、そこには統合の能動性が欠いている。

　世界的な環境 NGO の WWF と金融機関に対する行動で知られる BANKWATCH が共同で 40 の世界的金融機関の CSR 報告書（2005 年 9 月時点）を採点した。図表 1-5 に挙げた人権、労働問題、ダム、化学物質の問題など 13 項目での評価である。評価対象となった日本の金融機関 3 社のうち 1 社は 13 の全項目につき 0 点、すなわち方針の不存在との評価を受けた（各項目最高で 4 点の配点）。もう 1 社は 1 項目（気候、エネルギー）につき 1 点を獲得したが、他の項目はすべて 0 点である。得点の基準は図表 1-6 のとおりである。

　このような評価はある特定の NGO のひとつの見方にすぎない。対象となっ

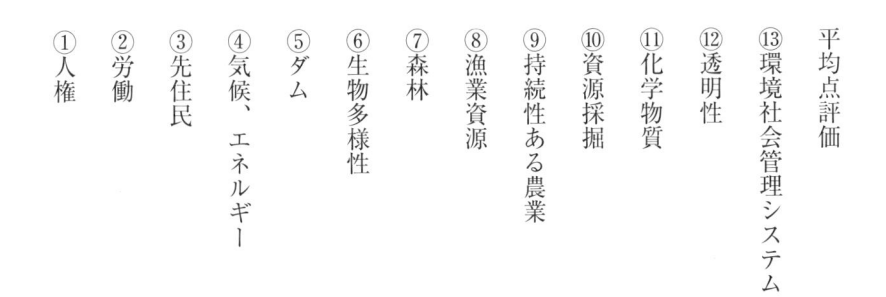

①人権
②労働
③先住民
④気候、エネルギー
⑤ダム
⑥生物多様性
⑦森林
⑧漁業資源
⑨持続性ある農業
⑩資源採掘
⑪化学物質
⑫透明性
⑬環境社会管理システム
平均点評価

（出典）　WWF, Bank Track : *SHAPING THE FUTURE OF SUSTAINABLE FINANCE : MOVING THE BANKING SECTOR FROM PROMISES TO PERFORMANCE*

図表 1-5　NGO による主要国際金融機関の CSR 報告書評価項目

> 0. 当該課題に関する公表された政策が存在しない。
> 1. 明確なコミットメントはなく、あいまいな政策が存在するのみ。
> 2. ある程度明確なコミットメントはあるが、関連する国際基準は満たさない。
> 3. 部分的に国際基準を満たすコミットメントはあるが、他の部分は政策が欠落しているか、あいまいである、もしくは国際基準を満たさない。
> 4. すべて、もしくは、ほぼすべての政策で国際基準を満たしている。

(出典) WWF, Bank Track : SHAPING THE FUTURE OF SUSTAINABLE FINANCE : MOVING THE BANKING SECTOR FROM PROMISES TO PERFORMANCE

図表1-6　銀行政策の評価基準

た企業のCSRへの取り組みに対する一般的評価の根拠として十分なものではない。NGOの評価である以上、辛口になるのはある意味必然であり、トップの評価を受けたオランダのABN AMRO銀行でさえ合計得点は17点（1項目当たりの平均点は1.31点）にすぎない。また、全項目で0点の評価を受けた金融機関は、日本の1行のほかに韓国の銀行が1行ある。

　このようなランキングは必要以上に耳目を集めてしまうが、ここでむしろ注意を払うべきは、挙げられた13の項目である。人権、労働、先住民、気候・エネルギー、ダム、生物多様性、森林、漁業資源、持続性ある農業、資源採掘、化学物質、透明性、環境社会管理システム、これらがいずれも国際的に問われている公共政策課題であることについて強い異議を差し挟む向きはないだろう。ここには、法令遵守体制という項目はない。環境社会管理システムの一部として、国際的な条約や取り決め、宣言、自社の方針など広範な規範に対する遵守が問われている。当然のことながら、国際的取り決めや宣言の遵守は、一般の各国法令の遵守に比べて対象が飛躍的に広い。また、社会貢献活動が関係しそうな項目もないことにも注目してほしい。まして顧客利便性の向上といった項目はあろうはずもない。法令遵守体制の整備、社会貢献、顧客サービスの充実等一般に日本の金融機関が語るCSRと、グローバルな公共政策課題はすれ違っている。

　金融機構への評価を例に挙げたが、もとよりグローバルな公共政策課題とのすれ違いは、特定の企業ないし産業の問題ではない。実際、同じ俎上に載せられれば、たいがいの日本企業は程度の差こそあれ、ほぼ同様の評価を受けるの

ではないだろうか。もしステークホルダーが語る社会的要請に耳を傾け、そして自らの事業が社会に落としている影について自覚的であれば、ずいぶんちがってくると思われるのだが。

1.6.3 アジアの CSR 理解の多様性

北京駐在の EU の外交官は、中国の CSR をこう評している。

> 中国の CSR プログラムは欧米とちがう。欧米の CSR は法令の義務を上回る部分だが、中国の CSR は政府が企業に法令を守らせるためのものである。[9]

すでに述べたように、ヨーロッパでは法令遵守は CSR とは別のものと整理されている。事情はアメリカでも変わらない。しかし、中国ではそうではない。ある意味、中国においては少なからぬ法令が有名無実化しており、かつ当局も取り締まるだけの行政資源を有していない。他の誰も守っていない法律を守ることは、一種の自主性の要素を含むと考えられないこともない。

また、2007 年 8 月に行われた国連開発計画主催のマレーシア CSR 会議に際し、マレーシアの証券取引委員会委員長は「マレーシア企業の CSR への取り組みの水準はさまざまであるが」と断りつつ、報道陣に対し次のように述べている。

> CSR とは金銭を寄付することではない。より重要なことは、社会的で倫理的な手法（practices）を事業戦略に統合することである。

マレーシアの証券取引委員会委員長の発言は、アジアでも CSR についての理解が深まってきたことを伺わせる。しかし、逆に見れば、このような発言をあえてしなければならないということは、多くの人がまだ「CSR とは金銭を寄付すること」だと理解していることを物語る。実際、タイで活動するアメリカ

---

[9] *Financial Times Asia*, February 26 "China's good corporate citizens find their voice"

人のCSRコンサルタントは私に、タイのCSRについてこう嘆いた。「タイのCSRはリブランディング（ブランド名の変更）でしかない。これまでやってきた社会貢献をCSRと言い換えているにすぎない。」

CSRを生んだヨーロッパはCSRを次のように定義した。

> CSRとは、社会面および環境面の考慮を自主的に業務に統合することである。それは、法的要請や契約上の義務を上回るものである。CSRは法律上、契約上の要請以上のことを行うことである。CSRは法律や契約に置き換わるものでも、また、法律および契約を避けるためのものでもない。

（出典）European Multistakeholder Forum on CSR：*Final results & recommendation*, 2004

その後、「CSR」という言葉は世界中に拡散した。ヨーロッパの定義は主に先進国では共感をもって迎えられたが、その他の地域ではどのような理解のもとに受け取られているかは一様ではない。

1.6.4　多様なCSRを考える指針

アジアにおいて「CSR」という言葉は多様に理解され、多義的に使われている。もちろん、多様性には価値がある。したがって、本書においても特にアジアにおけるCSRの事例を扱う場合は、それぞれの会社や地域の語るCSRをそのまま受け入れる。

そもそもアジアと日本では公共政策課題について政府の対応できる範囲が異なる。アジアの多くの国の政府は、日本政府に比べて行政資源に事欠くことが多い。その限りにおいて、CSRの領域の広がりと力点も自然とちがったものとなる。

また、企業の社会的責任を語るときの「社会」として、社会の構成員のうちどのステークホルダーの利害に重きを置くかも、企業の置かれた状況によって同じではない。第2章で論ずるが、中国のような国家体制をとる場合、社会への責任とは国家への責任と限りなく同一視されることもある。

同様に、CSRが主にNGOから企業に対する告発の言葉として使用される状況と、政府がCSRを一定の政策的目的を達成するために企業にすすめる状況とでは、企業側の反応も当然ちがったものになる。

もっとも、「多様性に対する柔軟性」と「統一性を欠く融通無碍」は別のものだ。日本企業がアジアのCSRを考え実践する上で、アジアの国々や地域のさまざまなのニーズに心を開く必要があることはもちろんである。政府が基礎的公共サービスを提供することさえおぼつかない国では、公共投資に類する社会貢献活動がCSRの名の下に企業に求められるかもしれない。

他方、アジアのさまざまなCSRの捉え方に振り回されて、CSRとはそもそも何かという理解が混乱することは避けなければならない。アジアにおけるCSRは混沌としている。それ故になおさら、企業は透徹したCSR理解をもって臨む必要がある。そうすることでアジアのCSRの揺らぎをそれとして受け止めることができるだろう。

「企業の公共政策」としての視点は、ステークホルダーの声に耳を傾ける必要性を明らかにする。CSRとビジネスを統合するとの要請は、ステークホルダーの懸念や期待に対する答えを事業の中に組み込んでいく能動性を求める。いずれもアジアのCSRを考える上でもよい指針となってくれるのではないかと思う。

冒頭述べたとおり、日本におけるCSRの議論は深まりを見せてきた。「政府の決めたことを守るCSR」という範疇はもはや脱した。筆者は現況を「お客様満足のCSR」とやや揶揄するように述べたが、CSRを考えるとき、市場の競争を通じて自ずと誘発される行動と社会理念として求められている価値の実現を分け隔てることが大切だと感じる。

さらに、「自分たちの安全はとても気にしているし、自分たちによいかどうかはとても気にするけれども、よその国で何が起きているかは考えていないという日本人像[10]」との識者の指摘は正鵠を得ている。日本の「お客様」の声にどんなに耳を傾けても、世界地図は白いままかもしれない。お客様だけを見ていては見えないものに目を向けることに、CSRのひとつの意味があるのではないだろうか。さまざまなステークホルダーが対応を求める公共政策課題に謙虚に耳を傾ける受動性、そしてその解決方法を事業に統合する能動性、その両者をつなげることで企業は社会的価値を実現できる。そして、そのことによって、日本のCSRはアジアにつながっていくのである。

---

[10] 寺中誠他著『会社員のためのCSR入門』、2008年、第一法規、p.148

第2章

アジアのCSR

　現在のCSRの潮流は欧州に起源を発し、世界に拡大しているが、この動きが日本はもとより、アジア広域にも影響を及ぼしていることは、日本ではあまり知られていない。それは日本企業におけるCSRへの取り組みが基本的に内向きのステークホルダーに対する意識に偏り、企業は従業員一人ひとりが倫理的でさえあれば、問題は起こりえないと考える風潮があることも影響している。「日本企業は昔からCSRをやっていたのだから、昔を思い出せばよい」という考え方である。

　しかし、今やCSRはグローバル化し、アジア各国においても、その取り組みが徐々に活発化しつつある。アジアとの関係の深い日本企業として、自社のCSRのグローバル化を検討する際に、各国における動向を把握しておくことは有益である。そこで本章では、アジアのCSRについて概観する。

2.1　アジアにおけるCSRの形態

　アジア各国企業におけるCSRへの取り組みは大きく分けて、企業の形態に応じて、4つの動きがあると考えられる。第1に、外資企業の現地法人によるCSRの取り組みである。これは外資企業の本社にて推進するCSRをベースに、各国・地域の動向を取り込み、対応するものである。

　第2に考えられるのは、外資企業と取引のある地場企業による取り組みである。彼らはいわゆるCSR調達に基づく外資企業からの要請を受け、その対応

としてのCSRに取り組んでいる。

そして第3に、アジアの地場企業によるCSRが考えられるが、地場企業も基本的に国内事業のみを行う企業と、グローバル化し多国籍企業と考えられる企業では、CSRの捉え方も自ずと異なってくるため、これら2つを分けて考える必要がある。

2.1.1　外資企業の現地法人　「よそ者」から「土着化」へ

外資企業がアジア各国に進出する際には、その国や地域の法制度を遵守し、さまざまな社会慣習に対応していくことがまずは求められる。これは事業遂行上に必要なものである。国が変わったからといって、そうした基本事項に変わりはない。そして、多くの場合は、進出先の地域社会への社会貢献活動を行い、地域社会の一員としての責任を果たすことにとどまる。例えば、日本企業の場合であれば、各国の日本人会や商工会に参加し、そこで行われる地域貢献活動に参加する、共同で寄付を行う、といったことである。

しかし、こうした活動はCSRの本質とはいえない。自社に関係性の強い社会的課題を特定し、日々の事業の中でそれに対応していくことがCSRだと考えれば、こうした社会貢献活動はあくまで進出先で事業を行っていくためのライセンス（許可証）のような位置づけである。

実際のビジネスにおいても、各地域に適応した戦略をつくるといっても、これまでは各市場に合うように既存商品に改良を加える程度で、真のニーズを図った結果としてのビジネスではない。「土着化（ローカライズ）」していないのである。

持続可能な開発と環境保護に関するビジネス戦略で知られる米・コーネル大学教授のスチュアート・L・ハートはその著『未来をつくる資本主義[1]』の中で、「多国籍企業が株主を満足させるために拡大戦略を追求すれば、モノカルチャー経済、労働権、文化支配などに対する不安の声が各方面で上がってくる。進出先の地域文化や生態系に無関心を装い、『よそ者』で居続ける限り、多国籍企業はビジネス的なポテンシャルさえ十分に発揮することはできないだろう」と指摘する。そして、企業が持続可能性を目指す上では、「事業活動を行う場所への『土着化』が企業の次の課題となる」と述べている。

ハートによれば、土着化においては、「それぞれの地域の文化や自然の多様

---

[1]　スチュアート・L・ハート著、石原薫訳『未来をつくる資本主義』、2008年、英治出版

性を尊重し、完全地元密着型のニーズ対応ができる能力、つまり『土着力』の開発が求められる」と指摘している。

　実はこれはCSRにおいても、同様の考え方をすることができる。前述のような日本人会による寄付は土着化した結果としてのものとはいえない。また、外資企業の場合、本社のCSR方針に沿った活動を行うことが多いが、その多くはただそれに合わせただけのNPOや大学への寄付の域を出ないことが多い。これはあくまでソーシャル・ライセンス[2]としての、いわば「よそ者」のCSRである。CSRにおいても「土着力」が必要なのだ。その地域の社会的課題は何か、何が真に求められているのか、を認識し対応していくことが、土着力あるCSRには必要である。

　外資企業の土着化とは、現地化が進み、限りなく地場企業に近くなるプロセスであるとも言える。進出当時はあくまで新規参入者として、いわばよそ者としてビジネスを展開していたものが、管理職に現地人を登用し、ほとんどのマネジメントプロセスを現地化することで土着化は進む。

　さらに現地社会を市場としている企業であるならば、現地の市場規模や消費者の志向、購買力に合わせた商品を開発し、先進国とは異なるモデルによるマーケティングを行う。現地の株式市場にも上場することになれば、現地化（土着化）はかなり進んだといえるだろう。

　ハートは、土着化が進みつつある多国籍企業として、世界的消費財メーカーであるユニリーバのインド子会社であるヒンドゥスタン・ユニリーバを例に挙げている。同社は貧困層をターゲットにビジネスを行う革新的なBOPビジネスモデルで知られるが、土着化の開発に向けた取り組み例として、同社の従業員は「農村に6週間滞在することが義務づけられている」ということを挙げている。絶対的に情報量の少ない貧困層である農村をターゲットとする事業を行うために、彼らのニーズや嗜好を探るためにはこうした調査と経験が必要不可欠というわけである。

　CSRにおいても、もし自社の行うビジネスが貧困層をターゲットとしたものであるならば、自ずとCSRの切り口も貧困問題に絡むものとなり、貧困層

2　開発に伴って生じる環境負荷の軽減や労働者の確保とその福利厚生のため、開発を行うためのライセンス（許可証）として、当然に企業が社会から要請され、企業が地域社会とのコミュニケーションの一環として行う行為のこと（拙稿「CSRの視点～ソーシャル・ライセンスからソーシャル・インベストメントへ」『THE WORLD COMPASS』2006年10月、（株）三井物産戦略研究所 参照）。

のニーズを図ることが重要となる。ただ貧困層に「売り込む」だけでは、それはCSRとはなりえない。貧困問題の解決の視点をそのビジネスの中に織り込んでこそ、CSRである。貧困問題に取り組むNGOにただ寄付すればいいというのではなく、事業のプロセスの中に問題解決のプロであるNGOとのコミュニケーションを組み込み、貧困層の実態と彼らへのアプローチのノウハウを学ぶ。そして、事業を展開していく上では、ただ商品を売るのではなく、さらに彼らの自立を促すようなプログラムをNGOと協働して行っていく。社会貢献活動もそうした部分で行うことができれば、事業に相乗効果をもたらすものとなるのである。

　外資企業もその事業が土着化の方向へと進むに合わせ、CSRのアプローチも、よそ者の外国企業による施しから、より現地化した問題の本質を捉えたアプローチへと変化することが必要である。とはいえ、進出後すぐにそうした変化が可能な企業はほとんどなく、土着化には当然、時間が必要である。それゆえ、外資企業はその置かれた状況に合わせたCSRへのアプローチが必要とされる。

　通常、外資企業の現地法人の場合、①本社が定めるグローバルレベルでのCSRに関する統一方針に基づいた活動を行いつつ、同時に現地の社会状況に合わせた独自の活動を行うケース、②あくまで本社が行う活動をサポートするにすぎないケース、③現地法人が自主的に活動を行うケースがある。大半の企業においては、後者2点がほとんどであり、グローバルの視点とローカルの視点を融合させている企業は多くはない。しかし、多国籍企業の中には、その両軸を明確に意識している企業もある。

　ドイツに本拠地を置く大手製薬・化学品メーカーメルク（Merck KGaA）は、製品、従業員、環境、コミュニティの4つの分野を挙げ、それぞれにおける同社の責任と目指すゴールを示している。例えば、従業員ならば、労働災害の防止、社員教育プログラムなど、環境ならば、2010年までに2002年比のCO_2排出量の10％削減、2010年までのISO 14001の取得など、コミュニティならば住血吸虫症の撲滅などである。

　そして、同社はさらに、"Local Responsibility"というコンセプトを数年前より導入、地域社会への貢献をクローズアップしている。これは同社の世界中の拠点における社会貢献活動のことを主に指すのだが、同社は「地域の要請に応えていくことが重要である」と、2007年のCR（企業責任）レポートにおい

て指摘する。このコンセプトはグローバルな視点の他に、各地の状況を反映させていくことの必要性を明確に説明したものといえるだろう。なかでも、同社のタイの現地法人であるメルク タイランド（Merck Thailand）のケア・インターナショナル[3]との連携によるプログラムは、世界中のメルクの拠点の中で最も高い評価を受けるものである。

「よそ者」である外資企業の場合、いかにその土地の社会に受け入れてもらうか、という点は、企業の持続性を考えていく上で、極めて重要な視点である。メルク タイランドは同社のCSRを、

① タイ社会に対する責任
② 従業員に対する責任
③ 健康・安全、環境に対する責任

の3点に集約しているが、タイ社会に対する責任という項目の存在こそが、外資企業の考えるCSRにおいて必要な視点だろう。土着化のプロセスはこうした視点がベースとなっていくものにほかならない。

2.1.2　外資企業と取引のある企業のCSR調達への対応

　CSRのコンセプトが認識されていないアジアの発展途上国において、CSRへの対応が始まるのは、すでにCSRに取り組む外資企業と取引のある企業からであるケースが少なくない。大企業においては、自発的な取り組みを行っている企業もみられるが、中小企業ともなれば、取引先からの要請がCSRに取り組むきっかけとなる場合が多い。

　この背景には、CSR調達が先進国企業において一般化してきたことがある。調達元には調達先のCSRについても責任があるという考えの下、企業はサプライチェーン上にある取引企業に対する行動規範の遵守を徹底させ、それを調達基準のひとつとするようになった。こうした動きは、インドネシアやベトナムにおける米国スポーツメーカーのナイキの契約工場における労働環境をめぐる問題から、全世界的な不買運動にまで発展した事件がひとつの契機となって広まった。多くの多国籍企業がサプライヤーの事業を品質と価格だけでなく、人権・労働・環境などCSRにかかわるさまざまな視点から監査するようにな

3　1945年に米国で設立され、世界70カ国以上で活動する国際NGO。緊急支援、教育、エイズ、コミュニティ開発、保健、水と衛生、食糧と農業の分野で活動する。タイにおいては、Raks Thai Foundationがその支部の役割を担っている。

ったため、途上国企業はその期待に応える必要に迫られている。彼らと取引を行う企業は、彼らが提示する基準に沿った製造プロセス、労務・衛生環境、労働条件などを反映した事業を行わなければならなくなっている。

　サプライヤーである中小企業が、多国籍企業の提示する基準に合わせた改善を行ったとしても、これはあくまで取引先からの要請に従っただけで、特定した社会的課題への対応を日々の事業に取り込んでいくというCSRの本質ではないかもしれない。しかし、発展途上国の企業にとっての社会的責任は多国籍企業のそれとは異なり、そのステークホルダーは限定的である。なかでも、取引先と従業員、そして彼らの多くが居住する地域社会は重要である。取引先からとはいえども、CSR調達の一環として外資企業が求める基準は社会的課題を反映したものであり、その対応には意義がある。また、製造プロセスの中から危険な状況を取り除く、労働条件を改善する、といった行為は従業員に対する責任を果たすこととなる。

　取引先からの要請、まずはそれが出発点となる。彼らのつくる製品は多国籍企業のオーダーの下、グローバルな市場に供給されるものであり、製品にはグローバルな競争力が要求される。そう考えれば、多国籍企業との取引のある中小企業にとって、グローバルな基準への対応もまた必然なのである。

　行動規範の遵守が取引条件となる可能性があることから、途上国の企業に対するCSR調達の影響力は小さくない。大企業から見れば、サプライヤーにおいて発生する可能性のある労働や健康被害の問題の発生を予防するための効果的な方策である。しかし、条件を課せられる側の中小企業にとってみれば、その対応に要するコスト負担は大きい。したがって、そう簡単に対応できるものではない。

　ここで、一例を取り上げたい。成長著しいベトナムでは近年、多くの外資企業が進出し、そのビジネスのため、地場企業と取引を行っている。しかし、多くのそうした地場企業は中小の規模によるものであり、十分なCSRの取り組みを行う余裕はないことが多い。また、労働環境にしても、室内が高温になっていたり、十分な明るさが確保されていなかったり、そうした劣悪な環境での労働を余儀なくされていることがある。

　そこで、アディダスやプーマといったスポーツ靴メーカーとベトナム商工会議所、さらにはアクション・エイド・インターナショナル・ベトナム（ActionAid International Vietnam）などのNGOが共同で、ベトナム・ビジ

ネス・リンクス・イニシアティブ（Vietnam Business Links Initiative/VBLI）という枠組みを1999年からスタートさせている。これは、1998年に英国の国際開発省が行ったベトナムにおける靴産業の調査をもとに、同調査に協力した企業や専門家がベトナム靴産業の発展のための課題を改善していくべく立ち上げたものである。この枠組みにはいくつかの機能があり、中小企業向けのコンサルティングや研修事業などのほか、さまざまなCSR面での中小企業に対する提案を行っている。

　また、何らかの改善を行わなければならないことはわかってはいても、コストの問題もある。そこで、VBLIにおいては、中小の地場企業が、外資企業が要求するスタンダードに見合う十分な取り組みをできていない場合、できるだけ負担にならないような手法での改善指導を行っている。例えば、工場内が高温になってしまう場合、通常ならばエアコンなどの装置を導入しなければならないところだが、屋根に散水する装置を500ドルで取り付けることで、工場の室温を2度下げるようにする、といった試みがなされている。この方法ならば、エアコンを導入するのに比べ、格段に安いコストで、地場企業も対応できる。

　VBLIは、このようなアイディアを出し合い、サプライヤーなど取引相手のCSRへの取り組みにおける負担を軽減していく協働のためのプラットホームとなっている。ただ取引相手に行動規範の遵守を迫るのではなく、共に改善していくしくみを構築する、こうした姿勢はアジアなど途上国におけるCSRのグローバル展開には必要であり、地場中小企業にとってもCSRを意識するきっかけとなっていくのではないだろうか。

2.1.3　地場企業

　地場企業が取り組むCSRという視点も当然に存在する。しかし、アジアにおける地場企業のCSRに対する認識は決して高くはない。CSRを意識しているという企業も、ただ単に社会貢献活動に取り組んでいるにすぎない場合が多い。外資企業にCSR調達による改善を求められ、それに応えることでグローバルな動向に対応する企業は増えてはいるものの、グローバルなCSRの流れを取り込んだ対応をしている企業はそれほど多くはない。3.1.2項で論じるが、アジアでは「グローバルな基準や行動規範は『外国のコンセプト』と認識される」傾向が強いのである。

　また、CSRの推進において、ステークホルダーからの信頼を得るために重

要な観点であるアカウンタビリティ（説明責任）も不十分であることが多い。制度上の不備によることもあるとは思われるが、開示されるデータそのものの信頼性に疑問符がつけられることもある。例えば、香港に拠点を置くSRIの調査機関であるASrIAの代表であるメリッサ・ブラウンは、「中国の国営企業もCO_2の排出量といった環境面のデータを公開しているが、それがどこまで信頼できる正確なデータなのか、それを裏づけする方法がない」と、その難しさを指摘する。中国企業も確かに近年、グローバル化していく中で、国際社会からアカウンタビリティを求められ、CSRにかかわるデータの開示を行う企業も増えてはいる。しかし、それが本当に科学的なデータに裏づけられたものなのか、それとも仮面をつけたにすぎないものなのか、それを判断することが難しい。ほぼ共通の認識の下に、CSRに取り組む欧州各国企業とは状況が大きく異なる。

とはいえ、地場企業にもさまざまな形でのCSRへの取り組みがあることを指摘したい。グローバルな基準に沿うことだけがCSRというわけでは当然なく、それぞれの国や地域には多様な社会的課題があり、企業が対応すべき課題も先進国のそれとは当然に異なる。

その際、いくつかの要素がアジアの地場企業のCSRを特徴づけると想定されるが、次のような点が挙げられる。

(1) 企業規模・経済規模

大企業と中小企業では当然にCSRへのアプローチは異なってくる。中小企業の場合は前述したように、CSR調達への対応からというケースが多い。また外資企業と取引のない企業の場合は、CSRへの意識は極めて低い。これは日本においても大差のない現象である。

そこで、地場企業もグローバル化の度合いにかかわらず、サプライチェーンの観点から、大企業はその責任として、取引のある中小企業との関係において、低賃金や長時間の労働を強いるような関係が生まれないように配慮し、共に発展するというような意識をもつことが、アジアにおける地場企業にとり、重要なCSRの視点となろう。

また通常、欧州のように、消費者やNGOからのプレッシャーの強い国家や地域ほど、CSRへの対応は積極的となる傾向があるが、アジアの場合、シンガポールや韓国は別として、ようやく中間所得層が増え、消費ブームが起こり

始めた段階である。さらには、カンボジアやラオス、バングラデシュのような最貧困国といわれる国においては、当然、消費者のプレッシャーは強くない。

　こうした国の場合、何がプレッシャーとなるかといえば、それはまさにさまざまな社会的課題そのものであろう。問題が目に見えにくいために、NGOによる指摘が重要な要因となる先進国と異なり、アジアの途上国においては日常的に社会的課題に接する機会がある。信号で車が止まるたびに、物乞いをする子どもや女性が窓を叩く姿や、山のようなゴミが浮かぶ川に遭遇する。ましてや、都心から車で数時間走り、農村の貧しい地域に一歩、足を踏み入れれば、今なお原始的な生活をする人々に出会うこととなる。

　以前、インドネシアにおける日系企業の現地スタッフ向けのCSR研修を手伝ったことがあったが、そこで、日本よりもはるかに高い、参加者の社会的課題に対する認識に驚かされたことがある。その研修対象は幹部クラスということもあり、かなりのエリートであることも事実なのだが、彼らは自国の発展のためには、目の前にあるさまざまな社会的課題を解決していかなければならない、ということを明確に理解していた。これは、CSRを推進するための原点となる。

　NGOや消費者からのプレッシャーによって社会的課題に気づくばかりがCSRではない。途上国では、日常に存在する貧困などの社会的課題こそがCSRの推進力なのである。

(2) 企業のグローバル化の度合い

　CSRは欧州の先進国企業の動きから発展してきた。ゆえに、その概念はアジアなど、途上国の価値観を反映したものではないことは、すでに指摘したとおりである。

　それだけに、アジアの地場企業であっても、グローバル化の度合いが深い企業の場合、当然にCSRへの取り組みもグローバル化が必要となる。例えば、2005年に米国のITメーカーであるIBMのパソコン部門を買収した中国のレノボは、単なる中国の地場メーカーではなく、もはや多国籍企業である。したがって、同社のCSR戦略はグローバルな動きを反映させたものとなっている。グローバルな競争の中で事業を行う同社にとって、グローバルな動きに対応せずに事業を行うことは不可能だからである。

　また、ビジネスの相手先がグローバルだからこそ、CSRに積極的に取り組

む場合もある。タイで主に小学校入学前の幼児向けの木製玩具を製造するワンダーワールド・プロダクツ（Wonderworld Products Co.,Ltd.）は、その製品の輸出先の多くが欧州である。そのため、その取引先から求められるさまざまな要求は当然に、欧州の動向を反映するものとなっている。

同社が昨年から発売しているecoシリーズという商品群は地球温暖化問題やリサイクルなどを子どもたちが楽しく学ぶことができるように、設計されている玩具である。これは、環境意識の高い欧州の市場をターゲットとする同社だからこその商品開発の方向性である。

なお、アジア企業にはISOの環境マネジメントシステム規格であるISO14001などの国際的な規格を取得する企業が多い。ISO14001についていえば、中国は日本に次ぐ取得数を誇る（図表2-1）。これは中国企業がグローバル化していくにあたり、いかにして自社の国際競争力を高めるか、いかにして外資企業からの信頼を勝ち取るか、との認識から、取得を進めているものと考えることができる。取得企業数上位20カ国に占めるアジアの割合は実に4割を超えており、いかにアジアでの認知度が高いかがわかる。

1	日本	22,593
2	中国	18,842
3	スペイン	11,125
4	イタリア	9,825
5	英国	6,070
6	韓国	5,893
7	ドイツ	5,415
8	スウェーデン	4,411
9	フランス	3,047
10	ブラジル	2,447
11	チェコ	2,211
12	スイス	2,064
13	インド	2,016
14	豪州	1,964
15	台湾	1,633
16	ルーマニア	1,454
17	トルコ	1,423
18	タイ	1,369
19	ハンガリー	1,140
20	オランダ	1,128
総計		129,199

（出典）The ISO Survey 2006

図表2-1　ISO14001取得企業数

また、主に労働者の人権に関する規範を定めた規格である SA8000[4] も、途上国における取得数が近年、増加している。2007年3月現在、取得数国別ランキングでは1位がイタリアで590件、2位がインドで190件、3位が中国で157件と続く。その後、ブラジル、パキスタン、ベトナム、タイなど新興国が並ぶ。こうした動向も同様の理由だろう。

(3) 企業の国家との結びつきの強さ

 企業がどのような特性をもつかを決定づける要因のひとつに、その国の政治体制がある。すなわち、インドのような民主主義国と、中国のような社会主義国、さらには歴史的に開発独裁傾向が強く、国土も小さなシンガポールでは、それぞれ CSR の意味づけが異なってくる。

 特に社会主義下にある中国の場合、国営企業はもちろんのこと、私企業であっても、その社会的責任には中国という国家の発展に寄与する、という目的が明確な場合が多い。例えば、中国全土に送電を行う国営企業である国家電網にとっての責任は、中国の国土の隅々に送電を滞りなく行うことである。電気は中国各地の産業発展、ひいては国家の成長には欠かせないものである。したがって、送電という事業は国家の成長の基盤となるものとしての責任を負っている。

 2008年1月～2月にかけての中国南部を襲った雪害の際には、同社の送電設備も雪と氷で送電ができなくなった。しかし、その復旧にあたった同社の取り組みは政府から大きく評価された。同社本社ビルには雪害との闘いの一部始終が写真パネルとして掲示され、その勇敢な取り組みを紹介している（写真）。国家のために雪害と闘うこと、これもまた彼らにとっての社会的責任である。

 一方、パソコンメーカーのレノボは北京五輪の開催にあたり、中国の数ある企業の中で最大のスポンサー企業となった。これは単なる広告宣伝効果というだけではなく、中国で国際的に最もよく知られた企業のひとつである同社の責任として、五輪の成功を支えるということが重要な要素となっているといえるだろう。

 国家など行政との結びつきの強さが企業の力に直結する社会、また、国家の

---

[4] SA8000（Social Accountability 8000）は、1997年に米国の Council on Economic Priorities（CEP）の下部組織である Council on Economic Priorities Accreditation Agency（CEPAA）によって策定された。CEPAA は現在、CEP から独立し、Social Accountability International（SAI）と改称している（参照：CSR アーカイブス）。

国家電網の雪害への取り組みを掲示した写真パネル（写真左は筆者）

発展において、政府の果たすべき役割が大きな社会では、自ずと政府にさまざまな権益が発生する。結果として、さまざまな汚職問題が発生しがちである。これは3.4.4項で指摘するように、行政サイドのマネジメント力の弱さ、公務員給料の低さなどが影響している。社会構造的に腐敗しやすく、それが常態化している可能性が高い国が少なくない。

こうした問題は国家の発展により、政府の役割が相対的に小さくなると、自然に減少していくものである。しかし、アジアにおいては依然として、極めて大きな社会的課題のひとつであり、地場企業のCSRを考える上で重要な視点である。

また、シンガポールのように、経済運営において政府主導の色彩が濃い国家においては、CSRの推進においても、政府の役割が重要となる。シンガポールはすでに1人当たりGDPが日本を超える先進国である。アジアにおける金融、物流の拠点として、国際的な地位を確固たるものとしているが、実はその国土は東京23区程度の面積しかなく、人口も470万人程度である。そのため、製造業を基盤とする産業には不向きであり、また市場規模も小さい。

だからこそ、いかにシンガポールを国際社会の中で位置づけ、持続可能な成長の可能な国家としていくかは、シンガポール政府にとって、独立以来の重要な課題である。政府がその発展のためにイニシアティブをとっていくことが求められる。

現在のシンガポールの発展は、政府主導によって構築された、世界一高い自由度を誇るビジネス環境に裏づけされたものである。シンガポール政府にとり、この地位を持続していくことは、国家の発展にとって欠かせない。万が一、信頼度を欠くような行為があったとすれば、シンガポールの評価を著しく下げる結果となってしまう。

　実はこの信頼度の高さのため、シンガポールではCSRを意識するきっかけとなるような社会的問題が起こりにくいという側面がある。そのため、シンガポールでは未だCSRの概念はそれほど一般的なものではない。しかし、その一方で、シンガポールの地場企業もいまやグローバル化し、ベトナムやインドネシアなどに進出している。それだけに、シンガポール国内では問題にならずとも、進出先においてCSRにかかわるような問題が発生する危険性が高まっている。

　そこで、シンガポールではこうした状況認識に加え、グローバルな動きとしてのCSRへの関心の高まりを背景に、政府、企業、労働者・労働組合が協働して、CSRの国内普及を目指した活動をスタートさせている。その代表的な取り組みが、2005年に発足したSingapore Compact for CSRという、国連グローバル・コンパクトを推進する国内委員会である[5]。

　通常、グローバル・コンパクトは各国においては、国連（UNDPなど）や民間企業グループ（グローバル・コンパクト・ジャパン・ネットワークなど）が推進母体となる場合が多い。シンガポールの場合、政府が民間企業の自主的なイニシアティブであるグローバル・コンパクトを支援する形態となっていることに特徴がある。

　シンガポール政府は国内においては、環境法などにより、企業活動に対して強い規制をかけているものの、海外における企業行動にまで目を光らせることは難しい。それだけに、こうした自主的な取り組みを政府が後押しし、CSRを間接的に地場企業に推進させていくことは、これまで築き上げてきたシンガポールの国際的地位を維持していくためにも重要である。万が一、シンガポール企業が途上国で児童労働や強制労働に加担していたとなれば、シンガポール

---

[5]　3つのセクターによる協働でのアプローチを、Tripartite approachと呼び、その事務局として、National Tripartite Initiative (NTI) on CSRを設置している。中心的役割を担うのは、Ministry of Manpower、National Trade Union Congress (NTUC)、Singapore Business Federation、SNEF (Singapore National Employers Federation) の4つの省庁および団体。

自体のイメージダウンとなってしまう。クリーンを売りとし、多くの外資企業が地域拠点を置くシンガポールの魅力を相対的に低下させることとなってしまいかねないのだ。"business sector friendly"（ビジネスセクターにとって友好的）なシンガポールのイメージを維持することが、シンガポールの国家としての持続的発展ともつながると考えられるのである。

　総じて東南アジアでは、政府が国内企業のCSRを推進させるためにさまざまな方針を打ち出し、中心的役割を担っている。なかでも、インドネシアでは2007年7月、資源セクターにかかわる企業にCSR関連費用の予算計上を義務づける条項を含む株式会社法案を可決した。CSR費用の支出を怠る株式会社に対しては、法に則した罰則を適用するという。インドネシアの株式会社法は、セクターを限定しているとはいえ、CSRを事実上法制化したものとして注目される。資源セクターにかかわる企業が環境破壊を無視した開発を行っていることを危惧し、環境法を補完するものとして規制しているのである。

　また、フィリピンでは2007年8月に、一部の企業[6]に対し、国内コミュニティへの利益還元を促すことを目的として、CSRプログラムの実施計画の提出・実施、さらにそのパフォーマンスを評価するためにCSR報告書を発行することを義務づけた。

　このように、東南アジアでは政府が自国企業のコンプライアンスの徹底のため、また、企業の発展段階においては軽視しがちになる外部不経済[7]としての環境問題への対策の一環としてCSRを活用することが増えている。東南アジアではコーポレート・ガバナンスが未成熟であることが多く、政府が企業行動を監視する場合も少なくない。国家と企業の関係いかんにおいては、CSRもその特徴が変わってくることを指摘したい。

(4) 地域（コミュニティ）との結びつき

　地域との結びつきの強い企業の場合、当然にその地域への貢献がCSRへと直結する。企業城下町を形成するような企業の場合がそれにあたる。今や世界的に知られる企業となったタタ（TATA）・グループの中核企業であるタタ・スチール（TATA Steel）が拠点とするインド西部ジャールカンド州ジャムシ

---

[6] 2007年投資優先計画の下で登録された企業で、6年間の所得税免除を承認されている企業が対象。
[7] 経済活動に伴う直接関係を有していない第三者が受ける不利益のことで、環境汚染は代表的な外部不経済である。

ェドプール（Jamshedpur）は、そのほとんどのインフラ、公共サービスがタタ・グループによって提供される究極の企業城下町である。なお、ジャムシェドプールには同社のほか、1台10万ルピーの格安自動車の発売で話題となったタタ・モーターズ（TATA motors）など、他のタタ・グループ企業も拠点を置いている。

(5) 社会貢献活動型

アジアの地場企業の多くのCSR活動には、単なる社会貢献活動をCSRの文脈に置き換えたにすぎないものも多い。その典型はインド企業によくみられる財団（トラスト）を設立し、農村開発を中心としたNGOなどへの支援を行うケースである。インドは世界有数のNGO大国であるが[8]、彼らの活動資金の多くはこうした企業財団からの支援によるものである。

また、「CSR＝社会貢献活動」と明確に謳っている企業も少なくない。例えば、タイ・バンコク市内を走るスカイトレインを運行するBTS（Bangkok Mass Transit System Public Company Limited）社のホームページを開くと、ページの真ん中にCSRの大きな文字が並び、それをクリックすると、同社が考えるCSRについて次のように書かれている。

> 過去7年にわたり、BTSスカイトレインは経済と観光開発、そして国家の繁栄に貢献してきた。バンコク市内の交通問題を解消したことで、バンコク市民の生活の改善となった。当社は大量輸送システムのリーディング企業として、均一のサービスと安全に最大の重点をおくとともに、顧客満足、従業員の幸福にも同様に留意している。
>
> 当社は人々のコミュニティに資する生活水準の改善に向けての価値を共有している。そのために、社内委員会において当社のCSRに関するポリシーを制定し、すべての従業員への浸透に努めている。そして、従業員は2004年から現在に至るまで、社会貢献活動の範囲を拡大することを通して、CSRスキームを実行に移している。（BTS社ホームページより引用）

---

[8] インドのNGOの総数は一説では数万とも、そしてまたある説によれば数百万ともいわれているが、具体的な数は把握されていない。

確かに前段の部分は交通機関としての責任を認識した文言が並んでいるが、後半の最後の箇所で、「社会貢献活動の拡大＝CSRの実践」と明言する。これは、その同じホームページにある事例をみてみると、さらにわかりやすい。そこには、同社が実施している社会貢献活動のメニューが羅列されているだけである。"Free Vegetarian Food" という1日限りのイベント、災害救援のための寄付、献血、省エネ支援、マングローブの植林など、本業とは一線を画した具体的な社会貢献活動が紹介されているにすぎない。

ただし、こうした社会貢献活動も戦略的なCSRだといえる場合もある。それは進出先の国家や地域が企業責任として、そうした社会貢献を求めている場合である。その典型例が、大規模災害に対する緊急援助である。

2008年5月、中国・四川省で大規模地震が発生し、多大な被害がもたらされた。その際、中国では企業による人道支援が盛んに行われ、インターネット上ではその支援規模ランキングが掲げられるなど、国民の大きな関心事となった。実はそのとき、支援に熱心ではない企業が「鉄公鶏[9]」(ティェゴンジー)だとしてリストアップされ、不買運動やデモが展開されたことがメディアでも報道された。そのリストには中国企業だけでなく、ノキアやマクドナルド、トヨタ、ソニーなどの外資企業も挙げられ、対象となった企業は最終的には寄付金を増額するなどの対応を迫られた。これは中国で起こった大きな緊急事態に対し、中国で大きな事業を展開し利益を上げている企業が、積極的な対応をしないのはおかしいという国民の声であり、社会の求めるニーズが噴出したものと思われる。

ところが実は近年、多国籍企業においてはこうした人道支援を行う際には、いかに迅速に効果的な支援を行うか、ということが重視されているという側面もある。日本においては、今なお、「あの会社は1,000万円出したから、うちも」というような横並び意識が横行していることは否めないが、欧米企業の中には、人道支援も重要なCSR戦略のひとつに位置づけている場合がある。なぜなら、支援が単に金銭的な寄付だけではなく、自社のもつ製品やサービスを提供するケースが多いためである。長期的に見れば、人道支援が社名の消費者への浸透につながっていくといったマーケティング戦略をも意識していることもある。

災害の起こる地域、災害規模などに応じて、支援戦略は異なってくる。四川

---

9 中国語で「けち」という意味。

省の地震の際には、多くの多国籍企業も積極的な支援を行い、また、「鉄公鶏」と名指しを受けた企業も、結果的には支援金を増額した。実は、市民によるプレッシャーもさることながら、中国という市場が企業にとって重要度の高い地域であることも、支援金増額の理由であった。中国における地震に対し、「なぜこのような高額の寄付が必要か」と株主に問われたとしても、「中国の市場としての重要性を認識しての寄付戦略です」と言い切ることすらできるわけである。人道支援は今や戦略となりつつある。

なお、中国では政府系機関が企業ならびに個人の寄付額につき、そのランキングを毎年公表しているが、近年、その額が急増している。頻発した自然災害に対する支援が急増したと考えることもできるが、経済成長とともに、各企業の得た利益が大きくなっていることも反映されているものと思われる。2006年度にトップであった中国石油化工（シノペック）がその総寄付額が21,905元であったのに対し、2007年度は中国石油天然気（CNPC）が10万元、2位の香港のヘンダーソンは94,174元と、その規模が大きくなっている（図表2-2参照）。2008年度は四川省での大地震に対する多額の義援金が集まっているため、さらにこの額は大きくなるものと思われる。

こうした増額の背景には、直接的には、2006年に政府の認定する非営利団体などに対する寄付が所得税控除の対象となったことが影響している。ただ、

	2006年度		2007年度		
	企業名	万元	企業名	万元	分野
1	中国石油化工（シノペック）	21,905	中国石油天然气（CNPC）	100,000	災害
2	国家電網	18,601	ヘンダーソン（香港）	94,174	教育
3	フォックスコン（台湾）	18,185	碧桂園	31,722	貧困、社会公益
4	中国石油天然气（CNPC）	16,500	フォックスコン（台湾）	19,598	社会公益
5	オリエントゴルフ	10,000	国家電網	17,400	災害、社会公益
6	中国人寿保険	6,444	四川漢龍	12,730	社会公益
7	ハイアール	5,863	中国遠洋運輸（COSCO）	12,200	貧困
8	中国海洋石油	5,540	四川通威	11,510	社会公益
9	ソニー（日本）	5,426	中天建設	10,400	社会公益
10	RGMInternational（シンガポール）	3,580	中国平安保険	9,881	奨学金、教育

（出典）公益時報

図表2-2　中国企業による寄付ランキング

この寄付控除の対象となる非営利団体は、業界の団体や基金会など政府主導で生まれた、いわゆる「GONGO（官製NGO）」と呼ばれるタイプのものが多いため、企業に対し寄付を推奨することが、政府の考える社会開発へと直結するという側面がある。政府機関が行う教育事業への寄付も対象とされており、中国においては、寄付が「国家のため」のものであるという位置づけがなされている。

他国でも、アジアにおいてはこうした純粋な寄付を中心とした社会貢献活動が、CSRの主流として位置づけられている。それは日本においても大差はない。とはいえ、2.1.1項で挙げたメルク　タイランドのように事業とは直接の関係のない社会貢献活動をも戦略的なものとして位置づける企業が、欧米には少なくない。同社代表のハインツ・ランダウは、同社がなぜタイ社会を意識した社会貢献活動を行うのかという質問に対して、「自社のPRのためである」、「自分たちは企業なのであり、PRを意識しない活動はもったいない」と、その活動を戦略的なPRだと位置づける。

また、彼らのCSRは、英国アカウンタビリティ（Account Ability）社代表のサイモン・ザデックの示す5段階の企業責任（図表2-3）のうち、現在4から5段階の位置を意識しているという。企業責任として自社の競争力となるような活動を展開するだけでなく、さらに自社の経験やノウハウをまずは自社のサプライチェーンから、そして広くタイで活動する企業に共有させることを目指すということである。

同社は隔月でタイ語による広報誌"CSR Magazine"を発行、自社の従業員だけでなく、取引先などにも広く紹介している。こうした発信を通じ広くPRすることが、自社の競争力になるというだけでなく、同社が社会的責任として強く意識する「タイ社会に対する責任」を全うすることにもなるというわけで

	段階	組織が行うべきこと
1	防衛（Defensive）	実践や結果もしくは責任を否定し、まずすべきこと
2	コンプライアンス	ビジネスを行うためのコストとして、コンプライアンス体制を構築
3	管理（Managerial）	コアとなるマネジメントプロセスの中に社会的な課題を位置づける
4	戦略（Strategic）	コアとなるビジネス戦略の中に社会的課題を統合する
5	公共（Civil）	企業責任として、より広い産業の参加を促す

（出典）Simon Zadek, "The path to corporate responsibility", *Harvard Business Review*, Vol.82, No.12, 2004

図表2-3　企業責任における5つの段階

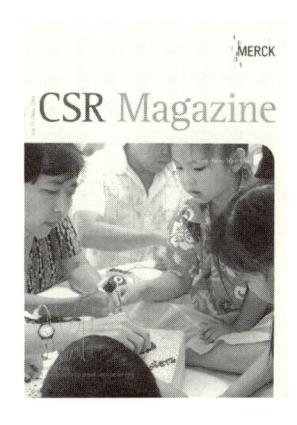

メルクタイランドのタイ語によるCSR広報誌 "CSR Magazine"

ある。これは上記の5段階でいえば、5つ目、「公共」段階となるのだろう。

　日本企業の場合、CSRは「陰徳の美」として考えられ、PRに活用することへの抵抗感は一般的に強い。日本では、CSR先進企業であっても、必ずしもその経験やノウハウを積極的に共有していこうというモチベーションは働きにくい。しかし、CSRに対する考えが未成熟なタイ社会の持続的発展のためには、CSRに関する先進的な経験を幅広く地場企業と共有することが、外資企業にとっての重要な社会的責任のひとつとなるだろう。

(6) ビジネス型

　一方、ビジネスを通じた社会問題の解決に取り組む企業も増えている。それは社会起業家のタイプと、BOPをターゲットにしたビジネスを行うタイプとに大別される。

　前者の社会起業家タイプについていえば、フィリピンや中国、シンガポールにおいて、社会問題解決をミッションとした事業を行う起業家が増え、それを支援する団体も設立されている。例えば、シンガポールで最年少で国会議員となったことでも知られるペニー・ロウが設立したSocial Innovation Parkや、米国に本部をもつアショカ財団の支部[10]がそれにあたる。

　後者のBOPビジネスタイプには、2006年にノーベル平和賞を受賞したマイ

10　インドや中国に支部がある。

クロ・ファイナンスで知られるバングラデシュのグラミン銀行や、同じくマイクロ・ファイナンス事業でインド2位の民間商業銀行に成長したICICI銀行、e-チョーパル（e-chopal）と呼ばれるITキオスクを活用した事業を行うITC（インド）などがある。

ソーシャル・ビジネスについては第4章でさらに紹介するが、インドのCSRはBOPビジネスモデルと連動しているものが少なくない。この点で、インドのCSRは中国や東南アジア諸国とは一線を画すものである。

2.2　CSRを推進させるさまざまな動き

2.2.1　CSRネットワーク

アジアにおいては、欧州でのCSRをリードする非営利ネットワークであるCSR Europeに相当する団体はまだない。しかし、いくつかの団体がアジア広域でのCSR推進をサポートする動きをみせている。

例えば、香港に拠点を置くCSR Asiaはその代表例といえる。CSR Asiaは香港のほか、シンガポール、北京、深圳、クアラルンプールに支部を置き、会員企業への情報提供、コンサルティング、国際会議の開催などを行っている。また、彼らが提供するCASP（CSR Asia Strategic Partner）というプログラムは、より一層の戦略的なサポートを受けることができる制度であり、欧米系多国籍企業を含む30社程度が加入している。特に、CSRにおいては、本社の意向をどう海外支店や子会社、関係会社まで浸透させていくか、ということが課題となるが、CSR Asiaはそうした場合のコンサルティングも実施している。

2.2.2　CSR関連国際会議とその意味

アジアにおいてCSRへの関心が高まっているひとつの兆候として、CSRに関連する国際会議が頻繁に開催されるようになってきたことを挙げることができる。

その代表格として挙げられるのは、フィリピンのAIM（Asian Institute of Management）が主催するAFCSR（Asian Forum on Corporate Social Responsibility）だろう。このフォーラムは2002年にスタート、アジア全域から毎年約500名のCSR推進団体、企業、国際機関、NGO代表が参加する。2007年度はベトナム・ホーチミン市で開催され、実に32カ国からの参加者が

実に32カ国からの参加者があったAFCSR2007の模様

あった。2008年度はシンガポールで開催された。

　2日間にわたるその会議においては、さまざまな企業、NGO、国際機関の代表からのプレゼンテーションのほか、アジア企業の具体的なCSRに関する活動を表彰する"Asian CSR Award"もある。日本からの参加者は極めて少ないが、ワークショップにおいては、中国、東南アジア、インド、パキスタンといった国々からの参加者により、アジアにおいてCSRはどうあるべきか、具体的なテーマの下、議論が行われる。

　日本においては、CSRはPRの道具にすべきではない、という議論が未だ盛んであるが、国際会議においては、企業の代表が自社の活動を盛んにプレゼンテーションする姿がある。マイケル・ポーター（Michael E. Porter）が言うように、競争力の源泉としてCSRを活用していくのならば（3.2.1項を参照）、PR戦略も否定されるものではない。ここで指摘しておきたいのは、こうした国際会議における発表は、一企業のPRの場にはとどまらない、ということである。

　CSRの捉え方は企業によってさまざまである。しかし、社会的課題への対応が重要であるCSRにおいては、できるだけ多くの企業がCSRを意識し具体

的な活動に落とし込んでいけばいくほど、社会的課題の解決に大きく寄与することとなる。それだけに、こうした国際会議などにおいて、自社の経験やノウハウを伝え、共有することは、自社のCSRをブラッシュアップし、広く社会問題の解決のためのノウハウを普遍することに役立つ。

また、今やCSRはグローバル化が求められる時代となっている。「グローバル化」の意味は、単にISOのようなグローバルな規格を取得すればよいということではない。また、本社のCSR方針をグローバルにそのまま展開すればよいというだけでもない。グローバルな課題を受け止め、さらに地域ごとの多様性を加味した上で、対応していくことが必要だというのが「グローバル化」の意味である。

それだけに、こうした国際会議において、アジアの課題をさまざまな企業がどのように受け止め、対応しているのかを知ること自体がCSRにとって重要である。それを各社が自社の戦略に応用するようになれば、社会問題の解決をさらに促すこととなるだろう。

CSRはビジネスモデルのように、特許を取得したり、他社との差別化のために情報を非公開とすることが、企業の持続可能性を高めるという類のものではない。むしろ、広く自社の経験を多様なステークホルダーと共有していくことで、社会問題の解決を促すほうがCSRの本質に合致する。前述したサイモン・ザデックの示す5段階の企業責任の5段階目の「公共（Civil）」を意識することが重要である。

社会問題をビジネスによって解決しようとする社会起業家には、成功したモデルを広く公開し、同じ問題に悩む他のコミュニティなどにそのノウハウを提供することが多い。CSRにおいても、こうした視点が必要である。

また、CSR Asiaも毎年、CSR Asia Summitを開催（図表2-4）、2007年は「投資家がフォーカスする、ビジネスにダメージを与える、もしくはビジネスを強化する20の課題」、2008年は「CSRにおける次のアジェンダ：環境及び社会的責任の境界を打ち破る」というメインテーマが設定されている。さらに、CSRコンサルティングを行うSALVOも、2008年7月にシンガポールにおいて、Asia Pacific Corporate Social Responsibility Conferenceという国際会議を開催している。

持続可能な発展のためのパートナーシップ
産業界へのNGOの期待 企業とNGOのパートナーシップ：フィランソロピーからキャパシティ・ビルディングへ 持続可能な発展のためのパートナーシップ
サプライチェーンへの挑戦
サプライチェーン・キャパシティ・ビルディング サプライチェーンにおける行動規範の調和 サプライチェーンにおける環境問題 サプライチェーンにおける人身売買と闘う 女性労働者 エイズ／B型肝炎：差別に立ち向かうための戦略
コミュニティ投資、ソーシャル・イノベーション、貧困削減
ミレニアム開発目標への民間企業のかかわり コミュニティ投資の評価 マイクロファイナンスと貧困緩和 コミュニティで活動する社会的企業の発展 持続可能な解決法の創造：社会的企業と社会起業家精神
規制化の環境：ソフトローとスタンダード
ソフトローとガバナンス 責任投資原則 汚職との闘い
CSR評価
CSRレポーティング サステナビリティ・レポーティング ステークホルダー・エンゲージメント
環境と生物多様性
気候変動への産業界の対応 カーボン・フットプリント 生物多様性のビジネスケース 水問題への産業界の対応

（出典）CSR Asia ホームページ

図表 2-4　CSR Asia Summit 2008 での開催ワークショップ

2.2.3 SRI 事情

日本においては環境問題への意識の高まりから、90 年代には環境関連ファンドが登場、さらに CSR への関心の高まりとともに、SRI に対する認識も急速に高まり、SRI ファンドも増加した。

企業の CSR 担当者は、SRI 調査機関から送られてくるアンケートを見るや、その質問項目の多さに圧倒される。しかし、そうした機関に評価されることは、企業にとり、CSR を推進するひとつの目標ともなり、またマイナス評価されることは企業経営にマイナスであると判断されるものである。そのため、多くの企業がこうしたアンケートには真剣に答えるようになっている。SRIが CSR を推進させる原動力となり得るのは、こうした背景がある。(ただし、3.5.2 項で指摘するよう、アンケートに答え、よい評価を獲得することだけを目標とし、CSR の本質を捉えていない企業も少なくない。)

日本以外では、まださほど SRI への認識は高まってはいないのが現状であるが、徐々に SRI ファンドの数も各国において増加してきていることを考えれば、その潜在的な有効性は十分にあるといえるだろう (図表 2-5)。

近年、最も SRI 市場が成長したのは韓国で、2007 年だけで SRI ファンドの数が 14 から 31 へと倍増した。韓国の SRI 業界は日本や中国の動向をみる傾向がある。日本における SRI 市場の成長、中国における政府の積極的な取り組み (国営企業に CSR レポート発行を義務づけるなど) が、韓国の動向を後

	公募型投信	私募	年金基金	教義に基づく運用	合計
中国	2	0	0	0	2
香港	19	0	0	1	20
韓国	37	2	6	0	45
台湾	3	0	0	0	3
シンガポール	3	1	0	10	14
マレーシア	2	0	0	81	83
インドネシア	0	1	0	1	2
インド	1	1	0	1	3
タイ	2	0	0	1	3

(出典) 河口真理子著「サステナブルファイナンス〜東アジア動向〜」、大和総研コンサルティング・レポート、2008 年 7 月 8 日

図表 2-5 アジアにおける SRI ファンド数

---

11 ASrIA 代表 Mellisa Brown 氏ヒアリングによる。

押ししている[11]。

また、イスラム教国であるマレーシアでは「教義に基づく運用」、すなわち、イスラム教の教義に合わせた、いわゆる「シャリア・ファンド」が登場している。これがSRIの成長を促進している。

マレーシアでは、2006年に証券取引所が上場企業のためのCSRフレームワークを立ち上げ、上場企業のトリプルボトムラインの達成を支援した。2007年には、上場企業にCSRポリシーとプロジェクトを報告する義務が定められた。また2008年には、性や民族による差別を防止する目的で従業員構成を報告することが必要となった。このように、CSRに対する意識が高まっていることも、SRI市場の促進につながっている。

2.3　ケーススタディ

アジアにおけるCSR動向は2.1節で示したように、地場と外資のちがい、国の体制や社会背景のちがい、発展の度合いなどさまざまな要因が影響し、多様な形態のアプローチが存在する。そこで、さらにいくつかの企業について、個別にそのCSR戦略のあり方をケース・スタディとして取り上げたい。

そこでまず、社会主義体制にある国営企業で推進される中国のCSRの事例として、国家電網を取り上げる。そして、インドにおいては誰しもがCSRの先進企業として名前を挙げるタタ・スチール、地場中小企業の一例として、タイにおいて幼児向け玩具を製造するワンダーワールド・プロダクツの事例を取り上げる。

2.3.1　国家電網（中国）

同社は中国で送電を行う国営企業で、その従業員数は150万人を超える中国有数の大企業であり、世界最大の電力企業でもある。日本の電力会社と異なり、発電は行わず、あくまで送電のみに特化している点が特徴である。中国には同社を含め2社が送電事業を行っているが、同社が実に中国全土の88％をカバーする。

同社にとって、最も重要な社会的責任はその事業である送電を確実に行うことにある。欧州各国や日本などとちがい、中国ではその国土の面積が大きい。したがって、石炭資源や水量の豊かな地域で発電を行い（発電自体は別の企業

が行う)、それをいかに効率よく沿岸地域等へ送電するかが同社のミッションとなっている。そのため、同社は常に、より遠くへ送電を可能にするための技術の革新を追求しているという。送電は中国という国の発展のために、極めて重要な事業であり、同社の方針は基本的に中央政府の政策と一体化していると言えるだろう。

そして、国家電網はその社会的責任として、同社が国営であること、公共性が高いことを理由として、図表2-6に示す8項目の責任を有すると提示する。最初の3項目は、同社が中国の発展にとって重要な役割を担うエネルギー産業であることの責任を明確にしているものである。

また、同社は規模の大きさからも、責任の所在を説いている。巨大な国営企業であり、国家の発展への寄与は至上命題である。また、150万人の従業員に対する責任にとどまらず、その先の家族やステークホルダーへのインパクトを考慮に入れている点はCSRの本質を捉えたものといえる。

ほかにもアカウンタビリティ、企業倫理、そして環境に対しての同社の責任を明示している。北京五輪も環境配慮五輪であると大きくクローズアップされたように、中国では、環境問題は国家がその改善を強く推進する課題である。同社においても、送電用の鉄塔を設置する際の生態系への配慮などに留意して

①国家のエネルギー戦略を担う企業であり、エネルギーの適切な配分と社会・経済の持続的発展に寄与する責任を負う。
②安全かつ信頼できる電力供給企業として、社会・経済の発展に伴い拡大するエネルギー需要の増加に対応し、社会秩序と安全の維持に役割を有する。
③中国全体をカバーする公的な送電会社として、安定したサービス供給と、新たな社会主義国家の建設、そして農村部の発展に貢献する。
④大規模な資産を有し、経済発展に大きなインパクトを有する国営企業として、その資産の価値ある活用と、国家の経済発展と産業競争力の強化に貢献する。
⑤150万人超の従業員を抱え、何千万人もの人々にインパクトを及ぼす巨大国営企業として、従業員の創造力をかきたたせ、従業員の発展と社会調和を促す責任を負う。
⑥極めて公共性の高い企業として、透明性を維持し、法令を遵守する。
⑦直接、市民に奉仕し、社会に大きな影響を及ぼす企業市民として、企業倫理に従い、また社会規範に倣い、誠実かつ信頼される企業である責任を有する。
⑧環境保護と効率的な資源活用に大きな責任を負うエネルギー供給企業として、エネルギー管理とロスの減少、生態系を保全し、人類と自然の調和ある発展の達成に寄与する。

(出典) CSRレポート2007

図表2-6　国家電網の社会的責任

いる。

　国家電網は CSR レポートを 2005 年より発行するなど、中国においては最も先進的な CSR 戦略を有する企業のひとつである。その体制として、各部部長からなる CSR 運営委員会を置き、さらにその下に実質的な活動を管理するチームを置いている（図表 2-7）。また、それぞれの部署ごとに CSR マネージャーを任命、さらに子会社にも同様の体制構築を促すことで、CSR の社内浸透を進めようとしている。

　また、国家電網は CSR レポートのほかに、「CSR 履行ガイダンス」（写真）を発行し、CSR に取り組む理由、目的、目指すべき理想、具体的な方法を提示、社員研修に役立てているという。また、このガイダンスが同社ホームページで CSR レポートとともに開示されている点は特筆すべきだろう。このガイ

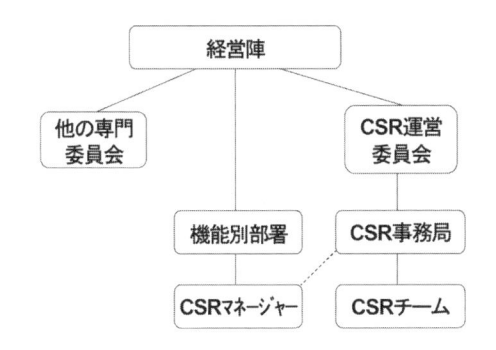

```
                    ┌─────────┐
                    │  経営陣  │
                    └────┬────┘
           ┌─────────────┴─────────────┐
     ┌──────────┐              ┌──────────┐
     │ 他の専門 │              │ CSR運営  │
     │  委員会  │              │  委員会  │
     └─────┬────┘              └────┬─────┘
     ┌──────────┐              ┌──────────┐
     │機能別部署│- - - - - - - │CSR事務局 │
     └─────┬────┘              └────┬─────┘
     ┌──────────┐              ┌──────────┐
     │CSRマネージャー│          │ CSRチーム │
     └──────────┘              └──────────┘
```

（出典）CSR 履行ガイダンス

図表 2-7　CSR 推進体制

国家電網の「CSR 履行ガイダンス」

ダンスは極めて包括的で、求めるレベルがグローバルなスタンダードに則っている。ただ、かなりハイレベルな内容であるため、CSR推進の担当者がこれを読んだだけで、自らCSRを推進していけるかどうかといえば、難しい点もあると思われる。とはいえ、同社の目指す方向性を細かく外部に公開しているという点において「CSR履行ガイダンス」は評価できる。

そこで、ガイダンスにあるいくつかの項目につき、紹介する。まずは、国家電網のCSRにおいてはどういった視点が重視されているのか、である（図表2-8）。ステークホルダーの存在を意識した上で、さらに経営のプロセスの中に彼らの意見を反映させていくためにCSRレポートによって情報を開示し、CSRを効果的に組織に反映させていくためにCSRインデックスを構築する。そして実際にどのような活動を行い、どのような実績が上がったのか、そしてその評価を行い、最終的には経済、社会、環境のそれぞれの価値を同社のCSRを通じて最大化していく、というように整理されている。

なお、CSRインデックスとは、組織全体のマネジメントシステムと、各部署における日常業務におけるマネジメントシステムを構築することで、CSRの推進が評価され、それが社員や組織のキャパシティビルディングへとつながっていくようにするツールである（図表2-9参照）。

このように、国家電網はCSRを推進していく上で必要な段階をマネジメントシステムの中に組み込むことの重要性を意識している。同社は150万人とい

（出典）CSR履行ガイダンス

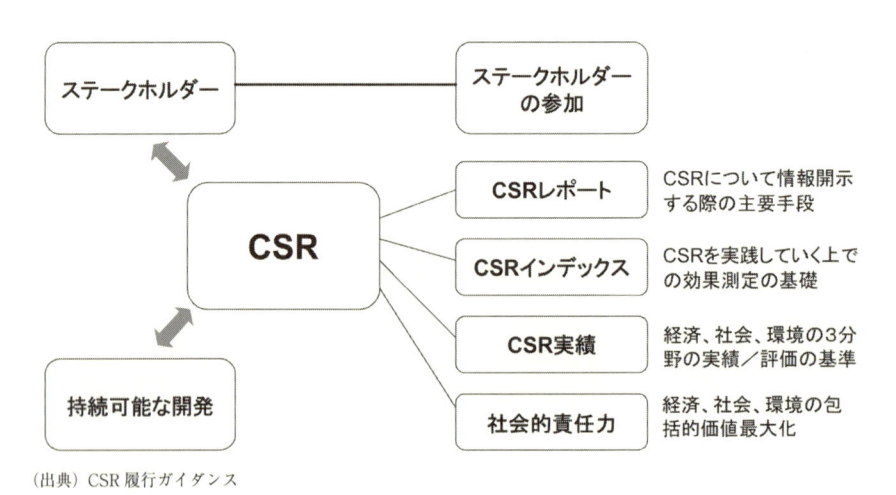

図表2-8　国家電網の重視するCSR

```
[組織上のマネジメントシステムの確立] → [日常のマネジメントシステムの確立]
         ↑                ステークホルダーの参加
                          情報開示メカニズム        ↓
[キャパシティビルディング] ← [実績評価の推進]
```

(出典) CSR履行ガイダンス

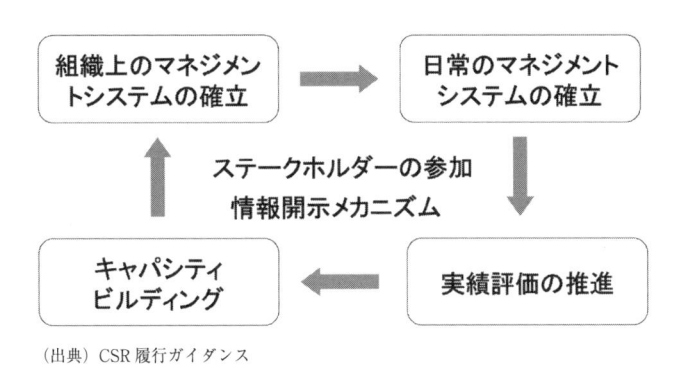

図表 2-9　CSR インデックス・システム

う従業員を抱える巨大企業であるために、効率的に CSR を浸透させていくためには、マネジメントシステムが欠かせない。ただ、これほどのレベルのマネジメントシステムを効率的に循環させていくことは容易ではなく、同社の CSR がこれらを網羅した実践レベルへとシフトしていくのはこれからである。

同社の CSR 担当である李偉陽は、「未だ全従業員の間で、CSR に対する取り組みの考えが一致しているわけではないが、少しずつ浸透し始めている」と述べる。CSR は「圧力ではなく、自ずから実っていくもの」として、まずはその体制と仕組みづくり徹底的に行ったといえるだろう。

さて、国家電網の CSR に関する具体的な取り組みは、すでにさまざまな方向性において始まっている。なかでも、2006 年からスタートした、「すべての家庭に電力を（Power for All）」をスローガンとするプロジェクトは、これまで電気の通っていなかった貧しい農村地帯への電化支援で、政府の強力な後押しもあり、積極的に取り組んでいる。

2007 年版の CSR レポートによれば、これまでに一連のプロジェクトを通し、電気の通じていなかった地域の 98 万戸、約 364 万人の人々が電気を使うことができるようになったという。そして、2010 年には同社が事業を展開する地域における 140 万の家庭に電気を届けるという目標を立て、その実現に向けたプログラムを展開している。

また、貧困削減やチベット支援プログラム、災害緊急支援といったさまざまな社会貢献活動に積極的に貢献し、多くの寄付を行うほか、北京五輪のオフィシャルパートナーとして、電力供給を確実に行うことも同社の責任として明確

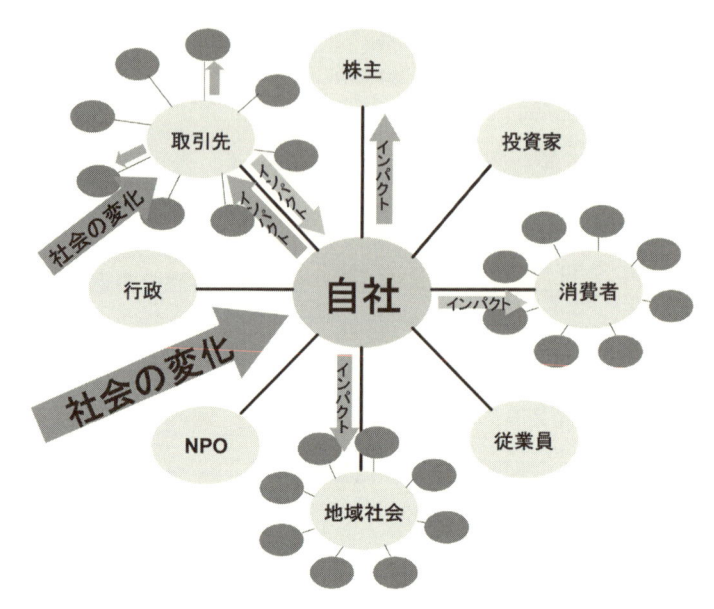

図表 2-10　CSR とステークホルダーの関係

に謳われている。

　そうした活動が評価され、同社は 2007 年 12 月に開かれた中国 CSR サミットにおいて、69 の中国企業と 49 の外資企業がノミネートされる中[12]、中国社会的責任賞の最高得点を獲得、中国における CSR をリードする企業として認知されている。

　さて、こうした先進的な同社の CSR 戦略を策定しているのが担当の李偉陽であるが、彼は自身の CSR における重要な認識として、図表 2-10 にあるような考えを示している。この図は同氏のイメージを参考に筆者の考えをミックスして作成したものである。CSR においては、さまざまなステークホルダーとの関係性が重要だが、さらにその先にステークホルダーが幾重にもつながっている点が重要である。すなわち、自社が及ぼすさまざまなインパクトは、いわばステークホルダー・チェーンに間接的に影響する。逆に間接的な影響をそのチェーンから受けることもある。

12　同社のほか、中国石油、中国移動通信、エクソンモービル、シーメンス、ＨＰ、ノキア、マクドナルドなど 20 社が最終審査に選出された。

CSRにおいては、社会のさまざまな変化に対応していくことが重要だが、その変化とインパクトの捉え方を再認識するとともに、こうした考えをもつ担当者の存在が同社のCSRをブラッシュアップさせているのである。

2.3.2　タタ・スチール

2つ目のケースとして、インド最大の財閥であるタタ・グループの中核企業であるタタ・スチールの例を取り上げる。インドにおいてCSRといえば、必ずその代表例に真っ先に挙げられるのがこのタタ・スチールである。

インドでは、BOPビジネスが盛んなだけに、インドにおけるCSRはBOPビジネスであると捉えられがちなのだが、決してそうではない。そもそも、BOPビジネスはあくまでBOP層をターゲットとするビジネスモデルのことであり、CSRそのものではない。

その点において、タタ・スチールのCSRにおける考え方は極めて明確で戦略に富んでいる。ここまで徹底したアプローチは世界を見回しても、おそらく類を見ない。また、これはタタ・スチールに限ったことではなく、タタ・グループ全体の方針ということもできる。そこで、まずはタタ・グループのCSRへのかかわりについて説明したい。

（1）タタ・グループとCSR

実はタタ・グループのCSRは、ジャムシェドプールの街とは切っても切り離せない関係にある。彼らのCSRの視点を一言で言い表すならば、「コミュニティへの貢献」である。

> 自由企業において、コミュニティはビジネスにおけるただの利害関係者ではなく、その存在そのものが目的である。

これはタタ・グループの創業者ジャムシェドジー．N．タタ氏の言葉である。いかにコミュニティとの関係が同社にとって重要であるかを表している。彼は産業の発展こそが経済的に自立し、さらには貧困克服にとって最も有力な道であるという強い信念をもち続けた。ジャムシェドジーはインドの将来を見据えた国づくり、人づくりの視点から、コミュニティの発展を強く意識したの

である。

　ジャムシェドジーは1904年に亡くなるが、その志は子どもたちにも受け継がれる。会長職を継いだ長男のドラーブジーは事業の実現に努める一方で、ジャムシェドプールの街の建設に着手する。その構想自体はジャムシェドジーによって示されていたというが、ドラーブジーによって、実際のプランが構築され、学校、病院、街燈、上水施設、労働者用住宅などが次々と建設され、街のインフラが整備されたのである。1910年代には街の基盤が確立されるが、その後、驚くべきことにジャムシェドプールには自治体にあたる組織が一度も成立していない。タタ・グループが自分たちのコミュニティのために、街をつくり上げたのである。

　従業員やコミュニティに対する貢献の意識は高く、同社は1912年にはアジアで初めて1日8時間労働制を導入、1915年には従業員に対する無料の医療サービスの提供、1917年には地元住民に対し、タタが運営する小学校へ無料で就学できるようにするなど、当時としては画期的な制度、社会サービスを実現していた。

　こうした社会への貢献の意識は、タタ・グループのユニークな組織形態にも表れる。タタ・グループは持ち株会社であるタタ・サンズを中心に構成されるが、同社の株式の65.89％をタタ一族の2つの慈善事業財団が保有する。そして、彼らはグループ全体の収益の多くをインド国内の慈善事業に投じている[13]。組織形態そのものがインド社会へ貢献するためのしくみとなっているのである。

　タタ・グループは創業以来の価値観をグループの行動規範として、90年代に明文化しているが、賄賂等の授受を拒絶することや、従業員に対する機会均等、特定の政党を支持しないこと、インド国民経済への貢献と先導役など24条にわたるタタ・グループの企業価値を掲げている。

> タタ・グループはビジネスを行い、収益を上げるためだけに存在しているのではない。通常の事業活動を超えたところにおいても、責任あるよき企業市民であれ、という視点をもっている。

13　2006年の支出額は合計56億ルピーに上る。具体的な支援活動は、農村の教育、保健・医療サービス、農地および水資源の開発事業、村落開発、奨学金、マイクロ・ファイナンス事業などに加え、市民社会の強化のための啓発活動、NPO育成、文化・芸術振興など、非常に幅広い分野にわたっている。

これはタタ・グループの現在の総裁であるラタン・タタ氏の言葉である。タタ・グループの企業市民としての価値についてはその行動規範の第10条に記されている。その中では、法や規則を遵守することだけではなく、コミュニティにおける人々の生活向上のために貢献することを謳っている。具体的には、コミュニティにおける家族の健康と幸福、職業訓練、教育、識字、近代科学の支援などを挙げている。また、こうした貢献をオプションとして行うのではなく、ビジネスの計画の中に組み込んでいくことを重視する。これは社会貢献活動を単なる慈善活動ではなく、本業ビジネスとの関係性を明確にして行うことの意味を彼らが認識していることにほかならず、現在のCSRの考え方を踏襲するものと考えることができるだろう[14]。

(2) タタ・スチールとCSR
① ジャムシェドプールの特異性

こうしたタタ・グループ全体の方針の下、その中核企業であるタタ・スチールがどのようなCSRに向けたアプローチをしているか、紹介しよう。

タタ・スチールは1907年に創業、今や24カ国で操業し、50を超える国々との取引があるインド有数の大企業である。製鉄会社としては世界第6位の規模を誇る。その本拠地はタタ・グループの創業地として知られるインド東部ジャールカンド州ジャムシェドプールに位置する。タタ・グループとジャムシェドプールの関係については指摘したとおりである。

なかでもタタ・スチールとジャムシェドプールの関係はさらに強く、同社の子会社であるJUSCO（Jamshedpur Utility Services Company）が自治組織の代わりに、ジャムシェドプールのさまざまな公共サービスを提供している。それは、街の運営から、水道、電気、道路等のインフラ整備、医療、教育、公園に至るまで、あらゆるサービスにわたる。ジャムシェドプールの住民の9割程度はタタ・グループに何かしら関係する住民であるということを考えれば[15]、タタ・スチールにとって、こうした公共サービスを提供することもその社会的責任のひとつと考えることができるだろう。また、ジャムシェドプールの街にあるインド国鉄の駅名は「タタ・ナガール（タタの町）」といい、それはジャム

---

14 タタ・グループ全体の概要については、小島 眞著『タタ財閥―躍進インドを牽引する巨大企業グループ』、2008年、東洋経済新報社を参考にした。
15 タタ・スチール関係者ヒアリングによる。

シェドプールの別名としても使われる。こうしたことからも、いかにタタとジャムシェドプールの関係が深いかを知ることができる[16]。

JUSCOの存在は、タタ・スチールのCSRにとってみれば、その一部分にすぎないものである。同社には7つのCSR推進のための組織が挙げられているが（図表2-11）、JUSCOはそのひとつである。他に、コーポレート・サステナビリティ・サービス（CSS）という同社のCSR全体を推進する組織や環境マネジメント部門、さらに医療サービスや大規模なグラウンドや体育館を擁するスポーツアカデミーなどが挙げられている。

② タタ・スチールのビジネスが目指す目標

さて、タタ・スチールの本業事業は鉄鋼業であるが、同社はそのビジネスの目標を次の8つに整理している（図表2-12）。

例えば、新たなビジネスのイニシアティブをとっていくことは企業のレピュテーション（評判）につながるものである。また、従業員のトレーニングを行うことは企業の競争力へとつながっていく。そして、事業を行う上で地球環境を持続可能なものとしていくようなアプローチをとることはリスク緩和へとつながり、健全な地域コミュニティを維持することは、そのまま自社の生産性へとつながっていく。

このように、タタ・スチールはビジネスの目的を明確にする。事業とステークホルダー、事業と課題を関連づけ、それを事業に反映させていくことを明示しているといえるだろう。このように関連づけてみると、いかに企業のコアビ

コーポレート・サステナビリテイ・サービス
環境マネジメント部
医療サービス／タタ中央病院
タタ・フットボール・アカデミー＆スポーツ
アドベンチャー・プログラム
ビジネス・エクセレンス
JUSCO

（出典）タタ・スチール資料

図表2-11　7つのCSR推進のための組織

---

[16] また、ジャムシェドプール空港の建物には、タタのロゴ・マークが大きく描かれ、タタのための空港として使われていることを実感することができる。

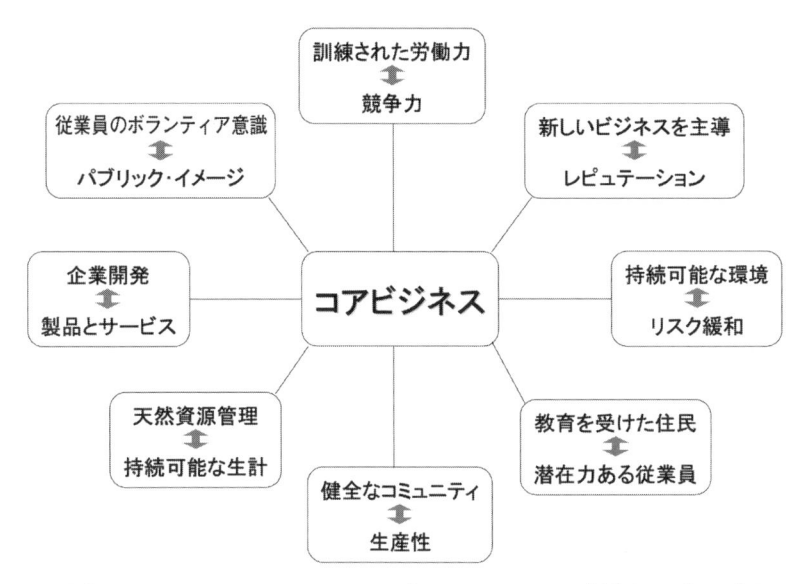

```
         訓練された労働力
              ⇕
            競争力
従業員のボランティア意識        新しいビジネスを主導
      ⇕                      ⇕
  パブリック・イメージ          レピュテーション

  企業開発                    持続可能な環境
    ⇕      コアビジネス          ⇕
  製品とサービス                リスク緩和

  天然資源管理                 教育を受けた住民
    ⇕                          ⇕
  持続可能な生計                潜在力ある従業員
            健全なコミュニティ
              ⇕
            生産性
```

図表 2-12　タタ・スチールにとってのコアビジネスと目標

ジネスが社会や環境と関連づけられた存在であるかを理解することができる。

　さらに、この姿勢はタタ・スチールのCSRのアプローチにも明確に反映されている。図表2-13は、同社のサステナビリティ・レポートから引用したものである。タタ・スチールは自社にとってのCSRアプローチを検討するにあたり、このようにステークホルダーごとに想定される課題と対応すべき戦略目標を掲げている。これは、現在のCSRにおけるマテリアリティの考え方そのものであり[17]、ステークホルダー・ダイアログの土台となるべきものである。こうした落とし込みがあってこそ、ステークホルダーとのダイアログ（対話）はただの意見交換ではなく、自社へのフィードバックを伴うものとなる。

③　**タタ・スチールのCSRと実施体制**

　タタ・スチールはこうした目標設定に加え、CSRにかかわるさまざまなポリシーを設定している。2003年2月制定のCSRポリシーのほか、品質やアルコールおよびドラッグ、HIV/エイズ、人的資源、環境、職場環境と安全、研究、説明責任、アファーマティブ・アクション（積極的差別是正措置）といっ

---

[17] マテリアリティについては、3.2.2項を参照されたい。

ステークホルダー	課題	戦略目標
株主	コーポレート・ガバナンス	タタの精神の支持
	資産価値拡大	コアビジネスによる経済的付加価値の拡大
	イノベーション	最も安いコストでの鉄生産者であり続ける
	垂直統合	アウトソース戦略
	WTOと為替変動のインパクト	売却、M&A
	アウトソーシング	新規事業開発
顧客	サービスレベルの期待の高まり	顧客との価値あるパートナーシップの創造
	鉄の商品としての性質	商品からブランドへの移行
	ビジネス上の倫理基準	タタの精神の支持
従業員	人材を引きつけ、維持する	熱中し、幸せを感じる従業員
	従業員満足と関与	潜在能力を開花させ、リーダーを育てる
	適正な数とコスト	イノベーションを促し、失敗することを恐れない
	世界クラスの開発環境	マネジメントの知識
	ビジネス上の倫理基準	タタの精神の支持
サプライヤー	期待の拡大	サプライヤーとの価値あるパートナーシップの創造
	アウトソーシング	戦略的なアウトソーシング
	倫理基準	タタの精神の支持
	WTOの課題	最も安いコストでの鉄生産者であり続ける
コミュニティ	ビジネスや産業への理解の欠如	タタの精神の支持
	法や秩序の状況	コミュニティのQOL改善
	期待の拡大	安全性と環境サステナビリティの保証
	環境	持続可能な成長
全ステークホルダー	全ステークホルダーのニーズのバランスをとること	経済的付加価値を拡大するビジネス
		価値を生むパートナーシップ

(出典) コーポレート・サステナビリテイ・レポート 2005 – 2006

図表 2-13　ステークホルダーの課題と戦略目標

た分野の方針を明確にしている。

そして、CSR に関しては、次のように提示し、人々の「生活の質（Quality of life/QOL）」の向上、特に同社のかかわるコミュニティへの貢献を明らかにしている。これは、タタ・グループ全体の方向性を踏襲しながら、人に焦点をあてたものとなっているといえるだろう。

> タタ・スチールにとって最も重要なビジネスの目的は、人々の生活の質を改善することにあると信ずる。
> タタ・スチールは健康的で繁栄した環境を維持、改善し、操業地における人々の生活の質を向上させるために、合理的な範囲内において、その資源を進んで提供する。(2003 年 2 月 1 日制定)

また、アファーマティブ・アクションポリシー（2006 年 11 月 21 日制定）においては、仕事場における多様性がビジネスに強いインパクトをもたらすものであることを認識し、労働者には平等の機会を与えることを保証した。同時に、社会的弱者に対してのトレーニングなどの支援を積極的に行うことを謳っている。

社会的弱者に対してのトレーニングなどの支援に関して、同社は TCS（Tribal Cultural Society）を設立し、農村に今なお数多くの人々が暮らす部族民に対する支援（奨学金、識字率向上プログラム、出張クリニック、運転技術指導、起業支援など）を行っている。また、彼らの歴史や文化を尊重すべく、博物館も設置している。

こうしたポリシーの下、タタ・スチールは次のような体制で、CSR を推進している（図表 2-14）。その中心となるのは、コーポレート・サステナビリティ・サービス（CSS）である。CSS が CSR 全体の戦略の策定から、プログラム構築、サステナビリティ・レポートの制作・発行、研修の実施など、CSR 全般の推進を担っている。彼らが編纂している CSR 推進テキストに、"Corporate Sustainability Protocol"（写真）がある。そこでは、タタ・スチールの企業情報をはじめ、CSR 推進の組織体系とフレームワーク、リスクの抽出と具体的な評価項目の設定（Corporate Sustainability Index）、具体的なプログラム内容とその成果、が網羅されている。対外向けのサステナビリティ・レ

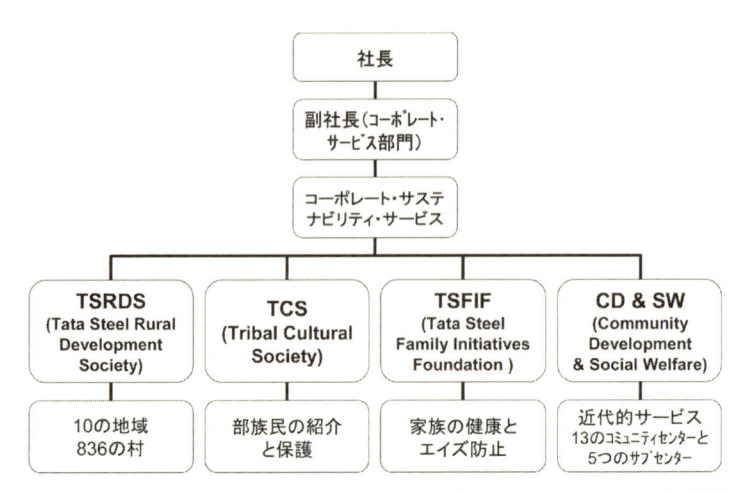

```
                    社長
                     │
              副社長(コーポレート・
               サービス部門)
                     │
              コーポレート・サステ
              ナビリティ・サービス
                     │
    ┌────────────┬──────────┬──────────┬────────────┐
   TSRDS         TCS        TSFIF       CD & SW
(Tata Steel    (Tribal    (Tata Steel  (Community
  Rural       Cultural      Family     Development
Development    Society)   Initiatives  & Social Welfare)
 Society)                 Foundation)
    │            │           │            │
  10の地域    部族民の紹介  家族の健康と  近代的サービス
  836の村     と保護        エイズ防止   13のコミュニティセンターと
                                         5つのサブセンター
```

図表 2-14　コーポレート・サステナビリティ・サービスの組織図

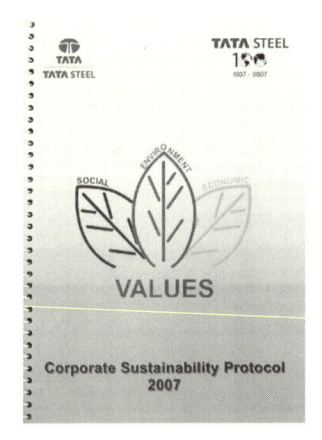

タタ・スチールの CSR 推進テキスト

ポートに比べ、内容が高度化し、包括的なものとなっていることが特徴だろう。

　また、CSS はその戦略策定において、次のようなモデルを用いている。まず優先すべきプロセスとして、ミレニアム開発目標（MDGs）[18]、コミュニティニーズの評価、アファーマティブ・アクションをベースとして、地域は自社の

---

[18] タタ・グループは、英ゴードン・ブラウン首相がイニシアティブをとる"Business Call to Action"にも初年度より参画している（4.6.3 項参照）。

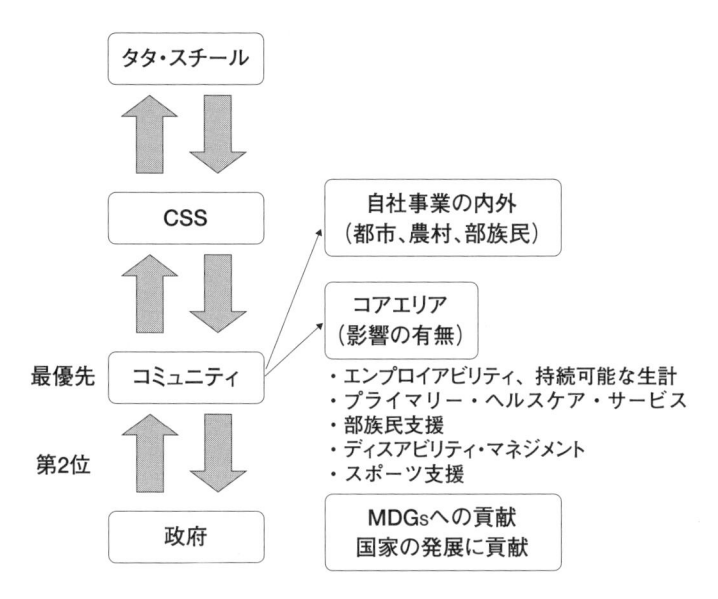

図表 2-15　CSR戦略立案の仕組み

［図の内容］
- タタ・スチール ⇔ CSS ⇔ コミュニティ ⇔ 政府
- 最優先：コミュニティ
- 第2位：政府
- 自社事業の内外（都市、農村、部族民）
- コアエリア（影響の有無）
  ・エンプロイアビリティ、持続可能な生計
  ・プライマリー・ヘルスケア・サービス
  ・部族民支援
  ・ディスアビリティ・マネジメント
  ・スポーツ支援
- MDGsへの貢献　国家の発展に貢献

事業地域とその周辺、具体的な5つのコアエリアにおける活動を策定していく（図表2-15）。

CSSの傘下には、専門機関も設置されている。TCSの他、TSRDSは農村開発を、TSFIFは家族計画やエイズ予防の啓発を従業員や家族、地域住民、周辺村落に対し行っている。

タタ・スチールはまた、国連グローバル・コンパクトに署名、さらにGRIの委員会メンバーでもある。当然、こうしたタタ・スチールのプロセスには、グローバルな動向が反映されていくこととなる。タタ・スチールは今や南アフリカなど海外でも広く事業展開しており、グローバルな視点は当然欠かせないものとなっている。

④　**具体的プログラム例**

こうしたプロセスに則って行われるプログラムは多種多様で、到底、すべてを紹介することはできない。そこで、インドにおける農村開発の典型例と考えられるプログラムを紹介する。

それは、ジャムシェドプール市内のタタ・スチール本社からさらに車で1時間程度の部族民の村で同社が行っている農村開発プロジェクトである。そのプ

① 灌漑整備された農地　　④ 脱穀機

② 整備された池　　⑤ 牛糞バイオガスプラント

③ 木質バイオマスプラント

タタ・スチールが行っている農村開発プロジェクト

ログラムにおいては、具体的には農地と灌漑の整備（写真①）、池（写真②）や井戸の整備、再生可能エネルギーの導入などが行われ、NGOと連携し農民の自立に向けた支援が行われている。

　なかでも、再生可能エネルギーの導入はユニークである。これはインドに限らず、世界中のNGOで導入されているものだが、ひとつは木質バイオマス（写真③）による発電で、その電気は農民が収穫した米の脱穀する装置（写真④）を動かすために使われている。また、各家庭において煮炊きをするガスコンロ用のガスを、牛糞を活用したバイオガスプラント（写真⑤）から生成する仕組みも導入されている。

　いずれのプロジェクトも、女性の家事労働の負担を軽減させたり、農業効率を上げることで収益を増加させたりするという農民の自立を促すためのしくみである。バイオガスに至っては、これまで薪をくべて火をおこしていたことを考えれば、革命的な進歩である。

　タタ・スチールの本業ビジネスにとってみれば、自動車メーカーが交通マナー教育の社会貢献活動をする、といったような直接の関係性をここに見出すことは難しい。しかし、こうしたアプローチは地域に根ざした企業であるタタ・スチールにとってみれば、極めて理にかなったプロジェクトであるといえるだろう。

2.3.3　ワンダーワールド・プロダクツ（Wonderworld Products Co.,Ltd.／タイ）

　ワンダーワールド・プロダクツは1985年創業の幼児用（0〜6歳）木材知育玩具メーカーである。バンコク北部に工場をもつタイの地場企業ではあるが、欧州を中心に世界約50カ国にその製品を輸出する隠れた大企業（従業員約500名）である。創業当初は日系メーカーとパートナーを組んでいたが、日本側パートナーの経営悪化などから、独立経営に転換し現在に至っている。

　同社はこれまで挙げてきたような巨大企業ではなく、そのCSRに対するアプローチは、本業ビジネスそのものの社会目的性が高い社会起業家のアプローチに近く、実際、創業者で代表のスティチャイ・イヤムチャルーンインは米国に本部をもつSocial Venture Network（ソーシャル・ベンチャー・ネットワーク）のタイ支部の代表でもある。

　同社のCSRを論じるとき、いくつかのポイントを指摘することができる。

まず、その本業を通じてのCSRの観点である。

(1) 本業を通じてのCSR
① 教育の視点
　同社の製品そのものが幼児期の子どもたちの知育を目的としてつくられているため、ビジネスそのものの社会的目的が明確である。
② 自然保護の視点
　同社の木材製品には環境にやさしいラバーウッドが使用されている。ラバーウッドは、ゴムの木の樹液を採取した後の材を再利用したもので、従来は廃棄されていたが、つみき等木製玩具の材に適しているとして活用されている。本来ゴムを採取することが目的であることから、木製玩具を製造するために新たな木を伐採する必要がなく、また25年という短期間で成木になるという点からも、環境に配慮した木材であると位置づけられている。同社はその期間を見越して、ゴム農園の選定を行っている。
③ 製品安全の視点
　幼児が直接手に触れる、時には口にも入れる可能性のあるものだけに、その素材の安全性には敏感である。着色には水由来のものを使用、子どもたちへの化学物質の影響と、石油溶剤の使用やCO_2の排出を最小限に抑えている。同社製品は米国のASTM、EUのEN-71によって品質保証の認証を受けている。
④ 環境問題の視点
　同社が2007年よりリリースしているecoシリーズといわれる商品群は子どもたちに地球温暖化等の環境問題を楽しみながら学んでもらおうと設計されている。南極大陸のペンギンを救助していくゲームが組み込まれた玩具や、リサイクルを学ぶことのできるゲーム、さらには屋根にはソーラーパネルと風車が取り付けられたエコハウスなど、玩具に触れ、楽しむことで、環境問題を学ぶことができるのである。

　また、同社は地球温暖化問題を意識し、「Tree 1 Plus」というプログラムに取り組んでいる。それは同社の製品が木材を使用するものであることから考案されたもので、農園において木を1本伐採すれば、農園において1本、さらに同社がもう1本追加して植林を行う。25年生の老木が同社製品には使用されているが、老木というのはCO_2の吸収も若木に比べると少ないため、積極的に木材の使用と植林を繰り返すことで、CO_2の吸収も拡大できる。タイ政府機

関、NGO と連携して行うこのプログラムは、そのシンプルかつメッセージ性の高い仕組みに、欧州の取引先から共同でプログラムを実施したいとの要望も寄せられているという。

　このように、同社がその事業展開と製品開発において、近年、環境問題を強く意識しているのは、CSR を考える上で興味深い。それは同社製品の大半が欧州向けであるという点である。欧州市場においては、製品安全や環境面での規制も強く、また消費者の意識もアジアとは比べものにならないほど高い。タイの地場企業でありながらも、欧州市場を主戦場とする企業だからこそ、市場（＝消費者）の環境や社会問題への意識の高さを商品開発に反映させるという視点につながっている。

(2) 従業員満足を重視した CSR

　途上国の地場企業というと、その労働条件は長時間労働や低賃金労働の問題など、厳しいというイメージがあるのではないだろうか。CSR 調達の議論が活発となるにつれ、その傾向は一層強まったにちがいない。

　しかし、同社の場合は従業員の「生活の質（QOL）」の向上を意識したさまざまな仕組みを導入している。"Quality of Life Program" と題されたそのプログラムでは、家計面でのフォローまでも行っている。それは通常、企業は従業員に対し賃金を支払うが、同社のこのプログラムにおいては、単に従業員1人を対象とするのではなく、その従業員の家族全体でのキャッシュ・フローを鑑みた家計のサポートを行うという。従業員の生活の質の向上ということを考えてみると、それは従業員本人だけの問題ではない。家族の生活の質の向上あってこそであり、企業が預金プログラムや共同購入制度といった家計支援の仕組みを導入することで、家族の生活の質の向上に寄与すると考えるものである。

　また、従業員の中で、高利貸からお金を借りることを余儀なくされているケースがみられたため、社内で低利での長期返済融資制度をつくり、そうした従業員には借り換えを促進。3年間で22人の従業員が借金を全額返済することに成功したという。また、貯金、クレジット・カード、個人ローン等の社員向けの金融教育プログラムも同時に行い、意識を高めている。

　こうした従業員の満足度を高めるような仕組みを企業がなぜ導入するのかといえば、それは従業員のモチベーションへとつながるためにほかならない。生

活が安定し、仕事に企業に満足感が得られる「働きやすい職場」であれば、当然にその職場を離れようと思うことはなく、自分の働く企業に対する満足感を得られ、愛着すらわいてくるのではないだろうか。それは企業に対する忠誠心ともなるのであり、持続可能な経営を実践していくことにつながっていくのである。さらに同社は、オフィス内の一角に図書室を設けたり、従業員の子ども向けのイベントを開催するなど、従業員のモチベーション向上につながるようなさまざまな仕掛けを行っている。

(3) ワンダーワールド・プロダクツの目指す理想像

　創業者で社長のスティチャイ・イヤムチャルーンインが経営において最も重視しているのが、"happiness"（幸せ）だという。この意味するところは、自分自身が幸せであることはもちろん必要だが、経営をしていく上では、自分たちの利益にしか関心をもたないということではなく、あらゆるステークホルダーの"happiness"の向上のために自分たちができることは何だろうか、その視点からビジネスを行っているということである。すなわち、消費者にとっての"happiness"、取引先にとっての"happiness"、株主にとっての"happiness"、それぞれの"happiness"の中身は異なり、ある人にとっては、多額の配当を得られることが"happiness"であろうし、ある人にとっては安心かつ料金も

ワンダーワールド・プロダクツの商品展示室とカタログ

納得できる商品を入手できることが"happiness"であるかもしれない。そうしたステークホルダーからのさまざまな要請に対応していくことが重要だというのである。

　これはビジネスの基本的な考え方である。しかし、あらゆる要請に対応することは現実的には困難である。それだけに、企業は重要なステークホルダーと、自社にとってインパクトの大きな社会的課題を選定し、取り組んでいくことが要求されることになる。すなわち、「マテリアリティ」が求められるということである。ワンダーワールド・プロダクツの目指す企業像はまさにCSRを意識したものではないだろうか。

　アジアの地場企業、さらには中小企業であっても、このようにCSRを意識した経営を行っている企業も存在する。ワンダーワールド・プロダクツの場合、市場が欧州であったことがCSRを強く意識する大きな引き金となったのであり、グローバル化の進む国際社会においては、アジアの地場企業も欧米や日本などの動向を意識していくことも必要な時代となりつつあることを指摘したい。

# 第3章

日本企業にとってのアジアと CSR の視点

　日本企業にとってアジアはいかに重要であるか。そして、日本企業がアジアで取り組むべき CSR、アジアにおける CSR でもつべき視点とは何か。本章ではこれを解き明かすとともに、事例を紹介する。

3.1　アジアとの関係から CSR を再認識する

3.1.1　日本にとってのアジアの重要性

　日本経済の成長とともに上昇する製造コストを低減すべく、日本企業は労賃の安価な、主にアジアの発展途上国へと 1970 年代ごろから活発に工場を移転させてきた。今や日本経済はアジア各国との相互依存関係が進展し、彼らなしには成立しえないものとなっている。

　一方、日本企業を受け入れたアジア各国も、日本からの投資を自国の工業化戦略と結びつけた。積極的な外資誘致のための優遇策を導入することで、経済成長へと結びつけていったのである。そして、近年ではアジア各国が成長し、さまざまな産業が育ってきた。これにより、これまでの雁行型の発展モデルではなく、発達した物流網と FTA（自由貿易協定）を活用した分業ネットワーク型と呼ばれるアジア広域での経済モデルが浸透した。企業は単純に労賃が上昇すれば安い国へと移転するのではなく、それぞれの国々における「得意分野」の活用を最大化し、国境を越えて部品供給や組み立てを行う仕組みが構築されているのである。

こうした経済関係を裏づけるかのように、21世紀に入ってからは、それまで日本からの一方的な観光客の訪問が通常であった日本とアジア各国の人的交流も、韓国や台湾、中国といった国々から日本を訪れる観光客が増加している。また、日本で学ぶ留学生、研修で来日するアジア各国の人々も多い。歴史認識をめぐる問題など、日本とアジアの間には未解決の問題が少なくないものの、市民レベルでの交流はますます盛んになっている。

このように、今や日本経済はアジア各国とは密接な関係がある。そのため、日本経済を支える企業はアジアとの関係を無視することができないといえるだろう。それは企業に限ったことではない。一消費者とて、衣類、家電製品に至るまで、多くの製品に「メイド・イン・チャイナ」の文字を見ることができるように、毎日使うさまざまな品物のほとんどが何らかの形でアジアとかかわっているのである。

実際、日本の貿易構造を見てみると、実に日本の輸出の48.2%、輸入の43.2%が対アジア向けである[1]。エネルギーにせよ、食品にせよ、多くを輸入に依存する日本にとって、アジア各国との関係がいかに重要であるかを理解することができる。

3.1.2　アジアでなぜCSRなのか

このように、日本経済はもはやアジア各国とは一蓮托生の関係となっている。そして、その広域ネットワークを担う企業は当然、進出先の国々において、現地政府から認可を受け、現地企業と取引等を通じて関係を構築する。時にはその国の株式市場へ上場することもあるだろう。

また、現地従業員を採用することは重要であり、工場を建設する際には地域社会とのつながりも重要である。こうしたマルチステークホルダーとの関係構築はCSRを考える上で、大前提となるものである。しかし、これらのプロセスは決してアジアにおいてのみ必要とされるということではない。どのような国、地域においても事業展開していく上では必要なプロセスである。とはいえ、日本とアジアの相互依存の緊密さを鑑みれば、いかにアジアにおいてCSRを意識することが必要なのか、理解することができるだろう。

日本企業がアジアにおいてCSRを実践する上で、とりわけ次の3つの項目

---

[1] 2007年度データ（財務省統計資料参照）

を意識することが重要である。

(1) 多様な社会環境への対応

　CSR はグローバルな対応が求められるようになっているとはいえ、どこの国、地域でも同じ対応でよいというわけではない。当然、アジア各国の置かれた社会環境を考慮に入れていく必要がある。通常、先進国においては地域社会の課題を考慮するにしても、貧困、乳幼児死亡率などミレニアム開発目標に表されるような社会的課題に直面することはほとんどない。米国など先進国でも、インナーシティ問題[2]に起因する問題や環境汚染、企業犯罪といった問題は多々あるものの、総じて事業を行っていく上での社会環境、例えば交通や通信のインフラ、企業をめぐる法体系、問題が発生した際の解決の枠組みなどは十分に整備されている。しかし、アジア各国に進出し、事業活動を行っていくとなれば、その国特有のさまざまな課題に直面することとなる。

　企業が事業活動を行っていく上においては、その事業環境を改善していくことは当然であるが、さらにそれを持続的に成長させていくためには、一歩進んだ取り組みが欠かせない。大気汚染の防止、生態系の保全といった地球環境にかかわるものは当然として、さらには貧困問題といった、これまで主に国家が取り組む問題と考えられてきた諸問題への対応も無視できない。中長期的な労働力の安定確保、市場の拡大といったことを考えれば、貧困を削減し、教育を受けた優秀な労働者が多く育ち、中所得者層が増大し、1人当たりの賃金が増大していくことが、企業の成長に大きく貢献していくこととなる。

　どのような社会的課題が存在し、それが企業や地域社会に、どのような影響を及ぼすのか、多様な社会環境の存在を意識しながら見極めていくことが必要である。

(2) グローバルとアジアの融合

　アジアの CSR を考える際に注意しておく必要があるもうひとつの視点は、「アジアにはアジアの価値観がある」とする考え方である。これは何も、マレーシアのマハティール元首相のルック・イースト政策や、昨今の東アジア共同

---

[2] 都心部の住環境が悪くなり、夜間人口が減る、行政サービスが悪くなる、スラム化するなどの問題が起こること。

体設立に向けた構想といった、政治的にアジアを欧州や米国との対比の中で、1つの「圏」としてみるということではない。そもそも、上述したように、アジアには多様性があり、1つに括ること自体、困難である。

むしろ、CSR において、アジアにはアジアの価値があると考えるべきと思うのは、欧州スタンダードの CSR への反発がアジアに存在するという点である。2007 年 4 月にマレーシアで開催された BSR[3] と Centre on Asia and Globalization によるワークショップ[4]では、「アジアにおいては地場企業も多国籍企業も、貧困削減、教育、コミュニティ開発には積極関与するが、賃金、人権、児童労働、贈収賄、汚職といったアジェンダ（議題）への関心が弱い」と指摘され、また、UNESCAP が 2005 年に開催したアジア大洋州ビジネスフォーラムにおいては、「アジアでは、広義の CSR アジェンダは時折、『障害物』として考えられ、グローバルな基準や行動規範は『外国のコンセプト』と認識される」と指摘されている。

すなわち、アジアでは欧州などグローバルな動向を必ずしも意識しない傾向があるということである。現在の CSR の潮流においては、製品の安全は欧州の動向が、ガバナンス（企業統治）は米国の動向が、そして人権は欧米系の NGO がグローバルな潮流をリードする形となっている[5]。CSR 報告の大半で活用される GRI ガイドラインにせよ、SRI 評価機関における調査項目にせよ、現在の CSR の潮流をつくり出しているのは欧米諸国の政府、企業、NGO であり、アジアの価値観が必ずしも反映されているわけではない。

CSR を考える際において、自国には自国のやり方があるとする考え方は決して間違ってはいない。欧米流の CSR が求める要素がアジアの文化には必ずしもフィットしないという可能性は否定できないこと、欧米流の標準化された CSR をそのままアジアにおいてあてはめれば、それで十分かといえば決してそうではないことからすれば、「グローバルな基準や行動規範は『外国のコンセプト』と認識される」ことは当然ともいえるだろう。

一方、だからといって、欧米企業がすべてアジアで事業展開する際に、本国

---

[3] Business for Social Responsibility。米国サンフランシスコに本拠を置く NPO。
[4] "CSR and the Public Roles of Private Corporations", Workshop by BSR and the Centre on Asia and Globalization
[5] Gerald F. Davis, Marina V.N. Whitman, & Mayer N. Zald, "The Responsibility Paradox", *Stanford Social Innovation Review*, Winter 2008

のCSRをそのまま押しつけているかといえば、そうではない。彼らの多くの現地でのCSR活動は、まずグローバルな動向を把握し、本社の方針に沿った活動を展開するのだが、それをさらに地域性に合わせたものにしていこうとする努力が見受けられる。例えば、CSR Asiaにおいては、欧米企業の現地法人に対するCSRコンサルティングを実施しているというが、それは、彼らが本社のCSR戦略と各国・地域の現地法人や支店などが行うCSRをその地域のさまざまな状況に合わせたものとするためなのである。

　欧米外資企業が進出国の状況を反映させる試みをしているように、逆にアジアの地場企業は自国にとって都合のよいことだけに取り組むのではなく、グローバルな動きを反映させていくことが欠かせない。日本企業もこうした状況を認識し、日本には日本のやり方があるというのではなく、アジアにおけるCSRを検討すべきだろう。

(3) 持続可能な成長を促進する

　アジアにおいて、なぜCSRを意識する必要があるのか、その3つ目の視点は、「アジアの持続可能な成長を促進するため」である。日本企業にとり、アジアとの関係が必要不可欠なものとなっていることを考えれば、アジアの持続的な成長は日本企業にとってもプラスとなることが多いだろう。その際、どのような課題へ対応すれば、事業環境を持続的なものとすることができるのか、さらにその地域や国の持続的な成長につながるのかを中長期的な視野で見極めることが必要である。なお、本項については、3.4節にて改めて言及する。

3.2　CSRを具体的なプロセスに落とし込む

3.2.1　ビジネスと社会の統合

　それでは、具体的にはどのようにアジアにおいてCSRを推進していけばよいのだろうか。そこでまず、CSRにおいて求められる「ビジネスと社会の統合」とはどういうことなのか、簡単に説明したい。

　マイケル・ポーターらが2006年に発表した論文「競争優位のCSR戦略[6]」においては、自社にとって優先度の高い社会的課題を挙げ、経営判断の中に、その課題への対応を取り入れていくことで、CSR戦略を企業の競争力につなげていくことができると指摘されている。これこそが、ビジネスと社会の統合

ということである。すなわち、社会的課題や社会の状況を踏まえ、自社にとって必要な対応をビジネスの中に取り込んでいくプロセスのことである。

例えば、英国の携帯電話メーカーであるボーダフォン（Vodafone）は最新のCR（企業責任）[7]レポートにおいて、次の3点を同社にとって果たすべき責任であるとしている。

---

① **新興経済圏における貧困層をつなぐ**
インドにおいて低コストのビジネスモデルを導入したことによって、毎月150万人の新規ユーザーを都市部だけでなく、農村部においても獲得。
② **モバイル・インターネットの安全性を守る**
成長分野であるモバイル・インターネット市場において成長していくために、個人情報とコンテンツの保護に努めている。
③ **ボーダフォンのカーボン・フットプリントを削減する**
2020年までにCO_2排出量を50％削減という目標の達成に向け、省エネ技術の開発に注力する。

携帯電話事業者である同社にとって、同社の携帯電話ユーザーを獲得することはビジネス上の至上命題である。その際にボーダフォンにとって、経済成長とともに携帯電話ユーザーが急増[8]しているインドは当然、同社自身の事業拡大のためには欠かせないマーケットである。しかし、インドは依然として貧困層も多いため、彼らをターゲットとする低価格モデルを導入し、事業を拡大している。それだけならば、単なるマーケティングに過ぎないが、低所得者層が携帯電話を持つことの効果の大きさを考えれば、CSR上の意義は大きくなる。

例えば、農民や漁師、あるいは物を売ろうとする人は誰でも、市場での価格を携帯電話を通じてチェックし、買い手を選ぶことができるようになる[9]。ま

---

6 『DIAMOND ハーバード・ビジネスレビュー』2007年12月号「『公器』の経営」に所収。原文は、Michael E. Porter & Mark R. Kramer, "Strategy and Society: The Link Between Competitive Advantage and Corporate Social Responsibility", *Harvard Business Review*, Dec. 2006
7 Corporate Responsibility。欧米企業の中には、「社会的」を外し、単純に「企業責任」レポートとして発表するケースが少なくない。
8 世界の携帯電話契約台数は2007年末で33億台、普及率は49％に到達しているというが、過去2年（05-07年）の増加率は、アフリカでは年39％、アジアでは年28％というハイペースで増加している。

た、送金に携帯電話を使ったりするなど、ビジネス、生活のさまざまな場面で活用されるようになる。

低所得国においては、携帯電話普及率の上昇と国民の1人当たりGDPの拡大には相関関係があるとするデータもある[10]。つまり、ボーダフォンの視点は貧困問題の削減という課題を自社のビジネス戦略の中に明確に落とし込んでいるといえる。そのため、同社はケニアやアフガニスタン、タンザニアおよびインドにおいては、携帯電話を活用した"M-PESA"と呼ばれる送金サービスを導入し、高い評価を受けている。

また、携帯電話という特性上、扱う個人情報は多く、その漏洩を防止する責任は大きい。そして、今や地球上の共通課題である地球温暖化の問題に対し、明確なCO_2削減目標を設定し、企業だから貢献できる省エネ技術の開発によって貢献しようとしている。

ボーダフォンのこうした3つの視点は、ビジネス戦略とCSR戦略を統合し、ビジネスと社会の双方に貢献する方向性を打ち出している好例といえよう。

世界が持続可能な成長を果たしていくためには、企業は対応すべき課題を明確にし、その効果を最大化できるようにする必要がある。すなわち、企業は社会的課題に対し、法令を遵守し、純粋な社会貢献活動を行っていればそれでよいということではなく、事業を通じてアプローチしなければならないということである。既に欧米グローバル企業におけるCSRは、いかに実際のビジネスプロセスに、社会・環境の要素を取り入れるか、という議論が主流となっている。

3.2.2　マテリアリティ

こうしたボーダフォンのような戦略策定を検討する際、近年、CSRにおいて頻繁に使われる考え方が「マテリアリティ」である。

これはもともと、会計分野で使用される専門用語で、簡潔に言えば、「財務に重要な影響を及ぼす要因」のことを指す。会計分野でいうマテリアリティは、株主に対する短期的な現在の業績へ影響を及ぼす要因である。

それに対して、CSRにおけるマテリアリティは、株主にとどまらず、さま

9　農民や漁師の収入は携帯電話を使うことで、10〜20%上がるという。(ニコラス・P・サリバン著『グラミンフォンという奇跡』、2007年、英治出版)
10　ニコラス・P・サリバン著『グラミンフォンという奇跡』、2007年、英治出版

ざまなステークホルダーがもつ関心が社会や企業経営にとっての影響、たとえばリスクマネジメントの観点を検討し、その重要度や緊急性が高いものを優先的に CSR 戦略とし、経営と統合していくというものである（図表3-1 参照）。

英国の NGO でアカウンタビリティ規格である AA1000 を発行しているアカウンタビリティ社によって理論化されたこのマテリアリティという考え方は、今や、2006 年に GRI が発行した通称 G3 と呼ばれるガイドラインや、現在、ISO で策定に向けた検討が進む SR（社会的責任）規格[11]などにその考え方が導入されている。最終的には企業の社会的責任に向けた行動をアシュアランス、すなわち「保証」することで、さまざまな企業行動が社会との関係において、どのような影響を及ぼしているのかを検討、さらに事業活動へ反映させている。

CSR を戦略的にマネジメントしていこうとするこのような動きが、グローバルな CSR 業界で進んだことで、CSR の考え方が単にコンプライアンスや社会貢献活動といった要素を指すのではなく、企業と社会の関係をめぐる本質的

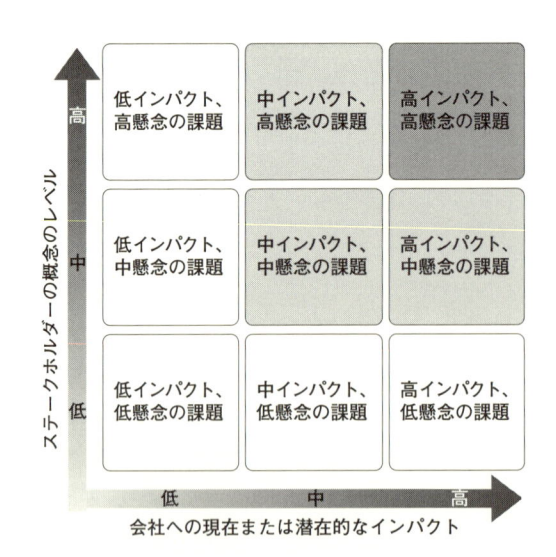

	低	中	高
高	低インパクト、高懸念の課題	中インパクト、高懸念の課題	高インパクト、高懸念の課題
中	低インパクト、中懸念の課題	中インパクト、中懸念の課題	高インパクト、中懸念の課題
低	低インパクト、低懸念の課題	中インパクト、低懸念の課題	高インパクト、低懸念の課題

縦軸：ステークホルダーの懸念のレベル
横軸：会社への現在または潜在的なインパクト

（出典）「マテリアリティ・レポート」 AccountAbility 2006

図表 3-1　マテリアリティ・マトリクス

---

[11]　ISO 26000。なお、現時点（2008 年 9 月）段階の規格案では、「マテリアリティ」を用語としては用いず、その考え方のみ盛り込んでいる。

な議論であることが理解されたのである。企業はマテリアリティ、すなわち自社にとって重要性の高い課題から対応し、日々の事業活動に取り入れていくべきである。

3.3　アジアで事業を行うために必要なCSR

　日本企業がアジアでCSRに取り組むさまざまな背景があることを説明してきたが、具体的にどのようなアプローチが日本企業のCSRとして考えることができるだろうか。どのように社会的課題を絞り込んでいけばよいのだろうか。それには大別して2つの視点がある。1つは、アジアで事業を行うために必要なCSRという側面、もう1つは、アジアの持続可能な成長を促すCSRの側面である。

3.3.1　投資環境の整備とCSR

　まず、前者の視点は、いわば事業を行っていく上での前提条件としてのCSRという考え方であり、進出先の地域社会の課題も、事業を行う障害を取り除くという視点から対応していくという意味合いが強い。

　その代表的な考え方として参考になるのは、「投資環境」である。投資環境は企業がその国に投資していく際のさまざまな課題となる要素を挙げたものであり、経済産業省が発行する「通商白書」には、海外進出において本社企業・現地法人が考える相対的重要項目として次のような項目が挙げられている（図表3-2）。

　インフラ整備を筆頭に、労働関係の項目、市場規模、その他さまざまな項目が並ぶ。インフラが整備されているかどうかは、事業の効率性を考える上においては欠かせない条件であることは言うまでもない。また、若年労働者の数、技術労働者の質、労使関係といった労働者に関する項目は、どのような事業を展開するかにも左右されるものの、投資判断の極めて重要な要素のひとつであろう。

　さて誤解を生まないために、投資環境を整備すること自体がCSRである、ということではないことをまず指摘しておきたい。投資環境の整備自体は、投資を呼び込みたい現地政府の役割であるかもしれないし、日本企業が事業をしやすい環境を整えるという意味において、日本政府の役割かもしれない。

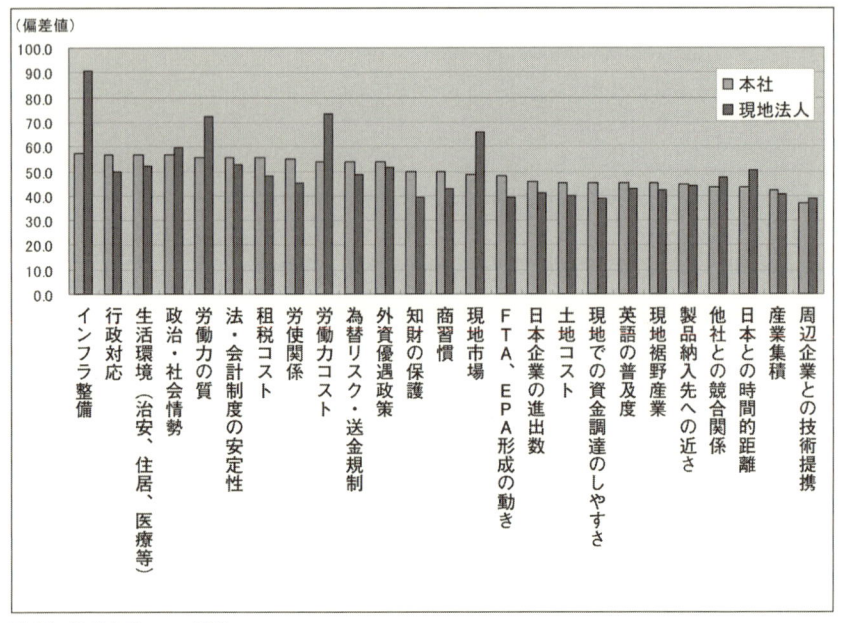

(出典) 通商白書 2005 年版

図表 3-2　海外進出において本社企業・現地法人が考える相対的重要項目

ここで述べておきたいのは、投資環境の整備に挙がる項目というのは、その国や地域における社会的課題と深くつながりがあるということである。例えば、労働力の質は教育と連動する。労使関係の問題は雇用問題であり、児童労働や強制労働などとも関連している。投資環境は、あくまでビジネス面を中心に意識したものである。つまり、投資環境の良し悪しを鑑み、自分たち企業の投資コストがリターンに見合うかどうかが最優先される。CSR の側面が強く意識されるわけではない。

しかし、投資環境にはすぐに改善されるものもあれば、社会システムそのものを変えていかなければならないような中長期的な視点が必要なものもある。一般的に日本企業はアジアにおいても、社員教育に力を入れる傾向があるが、それはまさに中長期的な視点を意識してのことである。

さらに、例えば、自社の従業員教育に加えてサプライヤーの従業員の問題への対応等を付加していくことによって、日本企業の CSR はアジアの中長期的

な社会システムの改善に寄与できる。アジアにおいて日本企業がCSRに取り組むことの意味はこうした点からひもとくことができる。

3.3.2　CSR調達

アジア各国の地場企業のCSRの取り組みが日本企業にもたらす影響は大きい。例えば、取引先の地場企業がCSRを意識した事業活動を行っているとすれば、コンプライアンス上の問題、環境破壊といった問題の発生するリスクは相対的に低くなる、といった効果がある。

そこで、CSR調達の手法を工夫していくことが事業推進上、必要不可欠である。なぜなら、調達元である外資企業がいきなり、調達先であるアジアの中小企業に対し、「当社の行動規範を遵守してください。遵守できないのであれば、取引は致しません」と一方的な通告を出しても、それにすぐに対応できる企業は多くはないからである。完全に対応するためには、膨大なコストが必要となる場合が多い。それゆえ、調達先企業が問題を起こさないよう、CSR調達を行う場合、彼らにとって負担とならない方法はどういうものなのか、検討する必要がある。

明らかに問題のある取引先に関しては、契約を打ち切るという選択もあってしかるべきだが、時には取引先の抱える課題につき監査を行い、改善を促すということも必要となるだろう。それが問題を解決し、健全かつ持続的な取引を可能とするのであれば、双方にとってのメリットは大きくなる。

そう考えれば、CSR調達においては、2.1.2項ととりあげたベトナム・ビジネス・リンクス・イニシアティブのような試みは効果的なプログラムであるといえる。

3.4　持続可能な成長を促すCSR

さて、アジアにおいて事業を行う際には、まず事業遂行上の課題に取り組んでいくことが必要である。その際、投資環境に掲げられるような課題はその社会の発展を阻害する要因のひとつとなっていることを認識することが、CSRにおいては重要である。それは、例えば、従業員にかかわる課題であり、自社のかかわる地域社会の問題である。必要なのは、リスクマネジメントの視点である。

そしてさらに、アジアにおけるCSRを考える際には、事業を行うためのCSRに加え、さらに長期的な目的を意識した、いわばアジアの持続的な成長を促すためのCSRへのアプローチも有効である。

そこで、どのような視点からのCSRが、その国や地域の持続可能な成長を促すものとなるのか、検討したい。

3.4.1 インフラ関連事業におけるCSRの視点

まず取り上げたいのは、道路や橋などのいわゆるインフラ関連事業である。これは日本企業が重視する投資環境の項目のトップにも挙げられる課題であるが、インフラは中長期的に見て、その国、地域の持続的成長を促す基盤となるものであることから、インフラ整備に企業が取り組む際には、CSR的側面を強く意識していくことが重要である。ただ、道路をつくることがCSRだということではなく、持続的な成長のためのインフラ整備を行っていくこと、言い換えればインフラ整備が社会と環境に与える負の影響を緩和することがCSRだということである。

かつて、ODAなど開発援助の世界では、「インフラ＝箱物」の開発支援を行うことが当たり前であった。それらインフラがきっかけとなって、国の開発が進むとされた。しかし、箱物は確かに国々の発展にとって重要なものであると考えられる一方で、ミレニアム開発目標に挙げられるようなベーシック・ヒューマン・ニーズ[12]の改善には直接的な効果が弱いことも指摘された。そのため、90年代頃からは人材開発などソフト支援が重視されるようになり、箱物支援は無駄であるとさえ、評されたこともあった。

しかし、それは誤った見方である。インフラ整備は産業の発展の基礎となるものであり、無駄ではない。ただ、途上国の農村に学校を建設するというプロジェクトがあったとすれば、まずは、その校舎を建てることになるだろう。しかし、箱物である校舎だけがあって、もし、学校までのアクセスが厳しい、先生がいない、教科書がない、といった問題を抱えていれば、ただ建物が建っただけで、教育を行うという学校の本来の機能は果たされない。そうしたバランスを欠くプロジェクトが多かったことは事実である。もしインフラ整備がそう

---

12 生活基礎分野。低所得の人々に直接役立つものを援助しようとする援助の概念。食料、住居、衣服など、生活する上で最低限必要な物資や安全な飲み水、衛生設備、保健、教育など、人間としての基本的なニーズをいう。

したものばかりであるならば、それはその国の持続的な成長に寄与しないことはいうまでもない。

　そこで、インフラ整備はその国の産業発展の基盤をつくるものであると考え、そのインフラが効果的かつ持続可能な成長をその国、地域にもたらすようにしていくにはどうすればよいか、考えていく必要がある。ここにCSRの視点がある。

　ここで1つの例を考えてみたい。日本のODAによる支援を受け、メコン川のような大きな河川に架橋するプロジェクトの計画があるとする。その際のCSRの視点として、どのようなものが考えられるだろうか。

　まず架橋することによるプラスの効果を考えてみれば、物流が盛んになることで、産業の活性化へと寄与するということがあるだろう。また、架橋プロジェクト自体に地元の住民が雇用されるという効果もある。

　しかし、架橋プロジェクトは予期せぬ影響を社会に与えることも事実である。その橋の架かる地域では、架橋前にはその川を渡るための渡し舟が就航し、両岸の船着場では乗船待ちの人や車が多く待ち、その間に人々は食事をしたり、買い物をしたりすることができた。すなわち、そこには地元住民が提供する小さな市場が形成されていた。

　ところが、架橋によって、船を待つ必要がなくなれば、この市場は当然、不要となり、消え行く運命に陥ることとなる。そこで、架橋の際には、架橋によって弊害を被るこうした人々への支援を行う、という視点が生まれてくる。例えば、マイクロファイナンスによる起業支援といったプログラムをNGOと協働して実施するということも一例だろう。こうした視点こそがCSRでは必要とされる。

　労働者への配慮も重要な視点である。インフラ整備事業においては、労働現場が危険を伴ったり、劣悪な環境であったりすることは十分に予想できることであり、CSRの観点からの配慮は当然必要である。

　また、建設現場には作業員のみならず多くの人が集まり、即席の街ができあがる。それは社会的な問題への対応が発生することも意味する。それに対しては、大成建設、鹿島、新日鉄の日系ゼネコン3社がかかわるベトナム南部の架橋プロジェクトにおいて、現場作業員と橋周辺の住民に対しHIV／エイズ対策のプログラムを融資元である国際協力銀行や地元NGOと共に実施するプロジェクトは、長期的な視点を持った意義あるものである。このように地域社会

というステークホルダーへの対応は、インフラ整備事業をその国、地域の持続可能な成長の礎としていくために必要なCSRの視点である。

なお、上述の架橋プロジェクトにおける船着場の話は、筆者が1996年ごろにカンボジアで、実際に架橋計画のあった船着場を訪れた際に知った視点である。その橋は、1992年にアジア開発銀行の提唱によってスタートした「大メコン河流域圏（GMS）開発」の主幹プロジェクトである「経済回廊」（道路網）の一部分となっており、カンボジアをはじめ、GMS諸国の陸送の発展に貢献することが期待されている。GMS諸国はこれまで道路整備が十分でなかったために、域内物流は海運で行われてきたのだが、その地図が大きく変わろうとしている。2006年末に開通した東西経済回廊によって、タイからベトナムへと抜ける道路が開通したことで、海路で約2週間を要していたバンコク〜ハノイが、陸路で、わずか3日で到達可能になったのである。

道路が活用されるようになれば、地域間の貿易が活発化するだけでなく、道路沿いや国境沿いに工場を建設する企業が増加する。これまで内陸国という不利な条件にあり、産業といえば豊富な森林を活用した木材事業と水力発電による売電程度しか外貨獲得につながるような産業がなかったラオスにも、外資企業が進出し始めている。道路がきっかけとなり、経済が動き始めている。

このGMS開発プロジェクトはアジア開発銀行や各国政府のODAを活用したもので、すべてが民間企業の事業というわけではない。しかし、このプロジェクトのように、アジアの発展の足がかりとなるような意義あるインフラ事業がもたらす経済的効果の大きさを考えれば、それにかかわる企業の責任は大きい。

単にプロジェクトのプラスの側面にのみ目を向けるのではなく、隠れた負の影響にも目を配り、解決していこうとする視点が重要となる。日本社会が経験したとおり、経済成長はその途上で時に社会や環境に歪みをもたらし、人々に苦痛すら与える。日本企業のCSRはアジアにおいてそのような歪みを最小限に抑えるために必要なのである。

3.4.2　あらゆる産業に存在する持続可能な成長の視点

アジアの持続可能な成長のためのCSRというときに、3.4.1項にて、インフラ整備事業を象徴的に取り上げたが、何もこれは持続可能な成長のためのCSRが他の産業分野にはないということではない。どんな産業の中にあって

も、その視点は存在する。

例えば、自動車産業を考えてみよう。自動車産業は主に下請けとなる部品メーカーと組立工場からサプライチェーンが形成されているが、彼らにとってのビジネスは当然、自動車を製造していくことにある。そして、自動車は人々の快適な生活をつくり出し、物流等の業務の円滑化に貢献する。これらは自動車産業が生み出す価値として、当然期待されるものである。しかし、自動車産業の社会的責任とは何だろうか、と考えたとき、それがその国や地域など、さまざまなステークホルダーの持続可能な成長を促進しているかどうか、という視点が必要となる。

そこで多くの自動車産業では、石油エネルギーの使用をいかに減らすか、という視点から燃費の向上のための技術開発を惜しみなく行い、また温暖化を抑制するために、車からのCO_2の排出量を減らす努力を行っている。

また、自動車は交通手段の要となり、人々の生活を豊かにする一方で、交通渋滞や交通事故をひき起こす原因ともなっている。そこで、自動車メーカーは市民に対する交通マナー教室を行ったり、運転指導を自主的に行ったりしているのである。このように、自動車産業と地域社会、ひいてはその国が持続可能な成長を遂げることができるよう配慮していくアプローチこそが、CSRにおいては重要である。

どんな産業においても、その事業推進の中で、さまざまなステークホルダーにマイナスの影響を及ぼすようなことがあれば、それは持続可能な事業とは言いがたい。いかにマイナスを減らし、共に成長することができるような仕組みを作り上げていくことができるか。日本企業がアジア各国に進出する際に、意識すべきCSRの視点である。

3.4.3 環境ビジネスとCSR

アジアでは工業化に伴うさまざまな環境問題が発生しており、各国政府はその対応に頭を悩ませている。経済成長の過程においては、環境問題のような外部不経済を完全に避けることは難しいのかもしれない。だが、その影響を最小限に食い止め、問題への最善の対応を図ることは可能である。

さて、工業化を急ぐ発展途上国では、環境対策はどうしても後回しになりがちである。自然破壊や環境汚染を伴うビジネスは短期的には利益が上がりやすいかもしれない。しかし、鉱山会社が資源を取り尽くし、林業会社が木を伐

採し尽くすなら、長期的には、その事業が成り立たなくなるのは目に見えている。また、汚水を流し続けた工場は、それが原因となって起こる公害病によって従業員や地域住民の健康が脅かされることとなれば、その補償に要するコストは膨大なものとなる。

一般的に発展途上国においては、工業機械にせよ、自動車にせよ、先進国で使われた中古のものが使われることも少なくない。そうしたものは先進国の最新の環境対策技術が導入されたものではないことが多い。そのため、当然にCO_2など温室効果ガスの排出も多くなる。工業化のためには不可欠な電力についても、発電はコストの安い石炭火力に依存することが多く、大量のCO_2を排出する場合が多い。工業化の初期段階にある発展途上国においては、コストの安さを考えれば、環境対策の施された機器を導入しなくても、一世代、二世代前のものでも、十分に対応可能であり、それが工業化の重要な第一歩となっていくことも事実である。

しかし、地球温暖化のように、国境に関係なくその影響が等しく各国に及ぶ可能性のある問題については、地球上のあらゆるステークホルダーが協調し、最悪の状況を回避すべく対応していかなければ、持続可能な発展などあり得ない。それが工業化と経済成長の権利を奪うものではなく、むしろ、持続的な成長を維持し、成長を実現していくために必要なことであることを、途上国に対して伝えていく責任が日本企業にはあるだろう。

環境ビジネスは、問題解決の視点が明確なことが特徴である。これはビジネスの目的が問題解決そのものであるためだ。

近年、社会起業家と呼ばれる起業家が現れ、社会問題解決のための事業を展開するケースが増えている。環境ビジネスもまた「社会問題解決のための事業」である。特に、発展途上国の環境問題に焦点をあてた環境ビジネスは、ただその国の環境問題を解決するというだけにとどまらない。例えば、水質改善によって乳幼児死亡率が改善し、焼畑に依存しない環境保全型循環農業の導入によって農民の自立を促した結果、貧困が削減する等、環境問題の解決が、その国のさまざまな社会問題の解決にもつながっていく可能性がある。

2008年6月、トヨタ自動車や松下電器など国内の大手企業が共同で、途上国の省エネ市場を開拓する、というニュースが発表された。これは、省エネ関連の技術をもつ約100社が集まり、協議会（世界省エネルギー等ビジネス推進協議会）を設立するというものであった。彼らは日本政府とも連携し、発展

途上国政府から寄せられる省エネ技術に対する具体的な要望などの情報を共有し、ビジネスにつなげていくという。

具体的には、工場の排熱の回収・利用技術や電気が通っていない地域での太陽電池の利用などを想定している。この動きは単に途上国におけるビジネスの可能性を追求しているだけではない。すでに原油価格の高騰が途上国の成長の足枷となりつつある今、早急に彼らに省エネに向けた対応を促すことが、彼らの持続可能な成長へとつながっていく。このように、途上国における環境ビジネスを推進する上においては、CSR を意識していくことが途上国自身にとっても有益なものとするような仕掛けをつくっていく必要がある。

3.4.4 賄賂と CSR

アジアで事業活動を行っていく上で直面する大きな課題のひとつに、「賄賂」という問題がある。これは発展途上国に限らず、先進国においても起こり得る問題であるものの、その発生頻度は途上国が圧倒的に多い。

その理由はさまざまであるが、ひとつには途上国は先進国に比べ、規制が厳しいがために、その許認可権を握る官僚が腐敗することが多いことが挙げられる。彼らがそうした行動に走ってしまうのは、大きな許認可権を握っているからということだけではなく、公務員給与の低さも大きく影響している。

例えば、発展途上国に外資企業が進出した場合、民間セクターが成長するに伴って、そこで働く従業員の給与は上昇していくが、公務員給与は必ずしも民間セクターのような賃金上昇カーブを描くわけではない。そこに大きな格差が生じていく。そのため、例えば 90 年代後半のカンボジア[13]では午前中は国家公務員として省庁で働き、午後は民間企業でアルバイトをするといった光景もみられた。そうしたケースは極端であるにせよ、彼らが民間企業と癒着し、賄賂を得ようとすることはなんら珍しいことではない。社会的な構造上の問題が背景にあるが故のことなのである。

発展途上国においては政府のガバナンス能力が相対的に低い。また、外資企業が事業を行っていく際に関係する法制度や司法制度も未発達であることが多い。そのため、企業は事業を行っていく際、先進国に比べれば、その許認可の獲得に長時間を要することがある。それをスムーズに進めるために賄賂が使わ

---

13 筆者が 1996 年にカンボジアを訪問した折に聞いた話。

れ、それが低賃金の公務員の副収入として生活を支えるともなれば、賄賂の授受が常態化してしまってもおかしくない。そのような状況に陥ってしまえば、賄賂は政府セクターにとっても、企業セクターにとっても、関係を構築し維持していくために必要不可欠なものとなってしまう。

たとえ、いくら賄賂の授受が日常化していたとしても、法制度の整った先進国企業によるそうした行為は法令違反であり、コンプライアンス上の極めて重大なリスクを抱えることとなる。万が一にも、問題が発覚したときに企業が被る社会的制裁は極めて大きくなることを考えると、途上国における問題の深さを知ることができよう。

また、賄賂の授受が続けば、当然に発展途上国政府の管理能力の向上を遅らせる結果となる。こうした悪循環に陥れば、その国への投資が冷え込んでしまうのはいうまでもない。90年代前半に投資ブームが起こったベトナムでは、90年代後半には多くの進出企業が撤退を余儀なくされたことがある。その原因は97年にタイから始まった通貨危機の影響によるものではなく、ベトナムの一向に改善しない投資環境にあったといわれる。事実、ベトナムでは最近まで、航空運賃などさまざまな価格に、外国人とベトナム人で異なる額をつける二重価格制が採用されていた。また、空港の入国審査場で、袖の下を要求されることさえ日常的であった。

現在、ベトナムへの投資は再びブームとなっているが、それは日越両国政府が、日本企業が直面する課題などを吸い上げ、「日越共同イニシアティブ」と呼ばれる仕組みを構築し、投資環境の改善に本腰を入れたためにほかならない。

今や、発展途上国や中進国の公務員が不正に手にする賄賂の総額は年間200億〜400億ドル（約2兆3,000億〜4兆6,000億円）に上るという[14]。企業が公正に事業活動を行うためにはこれだけ大きな障害があるということである。また、賄賂のやり取りがなければビジネスが成り立たないとするならば、そうした腐敗した役人から要求される賄賂を支払える人や企業しか、事業を行うことはできないことになる。途上国にとってみれば、賄賂を受け取ることによる一部の役人の短期的な利益（私腹）はあったとしても、中長期的な国家の発展を考えれば、賄賂は発展を妨げる大きな要因である。

14　世界銀行発表（2007年9月）による。

賄賂などの不正行為はコンプライアンス上、許されざるものである。それゆえ、そうした不正行為を行わないことは、アジアで事業活動を行う最低限の条件の１つであることは言うまでもない。そして、賄賂を断っていくことは、途上国に巣食う社会構造上の悪循環の連鎖を断ち切ることへとつながっていくのであり、それはその国や地域が持続可能な成長へと羽ばたくきっかけとなるのである。

3.5　アジアの CSR は日本に何をもたらすのか

3.5.1　「パラダイス鎖国」にある日本の CSR

「パラダイス鎖国[15]」という言葉をご存知だろうか。これは現在の日本の状況を的確に表したキーワードで、「自国が住みやすくなりすぎ、外国のことに興味をもつ必要がなくなってしまった状態」のことをいう。世界市場の中でそれなりの大きさをもつ日本市場でビジネスができてしまうため、かえって世界的な競争力を失ってしまう状態などのことを指す。例えば、携帯電話は日本国内でこそ、日本メーカーの製品が当たり前だが、世界に目を転じれば、ノキアの牙城に、韓国のサムソンが競争を挑むといった形を世界のあちこちで見ることができる。日本企業の携帯電話はというと、世界のどこにいってもまったく競争力がない。最近では、この状態を「ガラパゴス化」と表現することもある[16]。

実は日本の CSR にかかわる状況は、携帯電話のような状態にあるといって過言ではない。今や日本の大企業、中小企業において CSR を知らない、意識していない企業がほとんどない状態まで、CSR の認識は浸透している。しかし、CSR の本質を理解している企業となると、それは極めて少ないだろう。前述したように、「アジアにはアジアのやり方がある」と認識し、グローバルな動きを無視する傾向があるのと同じように、「三方良し[17]」の理念など、「日本には日本の CSR が昔からある」と考えてしまっているのである。

15　海部美知著『パラダイス鎖国―忘れられた大国・日本』、2008 年、アスキー新書 54 を参照。
16　日本の携帯電話市場が国内の閉じた世界の中だけで発展してきたことを、独自の生態系をもつガラパゴス諸島になぞらえたもの。
17　近江商人の経営理念として知られる。事業を行う際には、売り手良し（売り手にとってよい）、買い手良し（買い手にとってよい）だけでなく、世間良し（世間にとってよい）なものでなければならないという考え方。最近では、グローバル化した社会を反映し、地球にとってもよい、という意味として、それらに「地球よし」を加えた「四方よし」を CSR だと指摘することもある（サステナビリティ日本フォーラム代表後藤敏彦氏による造語）。

これにはいくつかの原因があると思われるが、まず日本社会自体がパラダイス鎖国状態にあり、食の安心・安全の問題のように、身に危険がふりかかる可能性のある事件でもなければ、グローバルな視点にそもそも関心をもちにくい社会となっているということがあるだろう。チョコレートを買うときに、その原料となるカカオ豆がどこで採れたものなのか、を考える消費者は少ない。さらにそのカカオ豆が児童労働によって採取されている可能性がある、とまで考える消費者は皆無に等しい。

　しかし、そうした社会にある企業だから、CSRの本質を見失ってもしかたがない、ということではない。CSRの本質を理解していれば、グローバルな課題にも当然に関心をもつはずである。グローバル化した社会にある日本において、もはやその影響を受けていない企業はほとんどない。そのため、グローバルな社会の動きに自社がどのように影響を受けるのか、を考えることは、企業としてごく自然ではないだろうか。

3.5.2　チェックシート型CSRからの脱却

　そのためには、日本企業はまず、「チェックシート型CSR」からの脱却を目指す必要がある。チェックシート型CSRとは、SRI調査機関から問われる質問項目に順次、答えていくことでCSRを果たすとするものである。例えば、多くの企業がCSRを推進する専門部署を立ち上げるようになった昨今の状況をみて、とりあえず専門部署だけは置いておこう、あとはそこで考えてくれ、とCSRの本質を理解せずに、ただ部署を置くというような対応はその典型である。チェックシート型CSRにおいては、流行だから、SRI調査機関から問われているからと、場当たり的対応が多くなる特徴がある。

　さて、現代のCSRの潮流は、あくまで欧州のスタンダードに則ったものであり、アジアを踏まえてのものではないことはすでに指摘したとおりである。そのため、当然、チェックシートにはアジアでのCSRの推進方法は描かれてはいない。前述したように、アジアの持続可能な成長を促進するような取り組みを事業活動の中に組み込んでいく、という視点が重要であるといっても、チェックシートしか見ていないのであれば、そうした対応ができないのも無理はない。

　グローバル化した社会におけるCSRにおいては、グローバルな動きを意識しながら、ローカル、すなわち各国・地域に対応していくことが必要とされ

る。当然、チェックシートにはない個別対応が必要である。日本企業が数多く事業展開するアジアは、社会的課題が山積し、対応すべき課題が多いだけに、チェックシート型から脱却し、CSR の本質を認識するには最適な機会であるともいえる。

3.5.3 アジアにおける社会的課題を認識する

グローバルな CSR 動向においては、地球温暖化など、地球上の誰もが対応していかなければならない問題への対応の必要性が高まっている。SRI の評価機関においても、地球温暖化や気候変動への対応をしていない企業については、評価を低くすることは当たり前となっている。

一方、アジアが問題の源泉となっている課題も多い。日本企業の多くは、グローバルな CSR が求める地球温暖化には対応しても、アジアの課題に対し、積極的な企業は決して多くはない。しかし、前述したように、日本とアジアの関係性の緊密さを考えれば、まずはアジアで今、何が起こっているのかを知ることが必要だろう。アジアの CSR はそこからスタートするといっても過言ではない。

例えば、アジアで大きく変化しつつある社会状況に人口動態がある。日本で人口が減少していること知っている日本人は多いだろうが、アジア各国でも少子・高齢化が進みつつあることを知っているだろうか。中国やインドといった人口の多い国を抱えるだけに誤解しがちだが、タイなど東南アジア諸国も、同じような状況に入りつつある。少子・高齢化に絡む問題は日本に固有の課題ということではない。

また、食料の問題はどうだろうか。2008 年に大きな社会問題となった食料危機も、コメの世界第 2 位の輸出国であるベトナムなど、コメ生産国が自国の食料安全保障のために、輸出を禁止したことが原因のひとつであった。単に人口増大によって食料が不足するだけではない。気候変動によって生じる自然災害に起因する農産物生産への被害拡大、バイオ燃料需要の増大など、今後も食料危機の問題は起こり得る。アジアへのインパクトは、途上国が多いだけに大きい。

そして、環境問題である。地球温暖化への対応に限らない、アジア各国特有の環境問題も存在する。それは工業化に伴う公害問題であったり、乱開発による生態系の破壊であったりするだろう。先進国がかつて経験したさまざまな環

境問題を、これから工業化するアジアは経験していく可能性がある。

こうしたアジアにおける課題に、日本企業はどのように対応すればよいのだろうか。ただ、日本の課題に対応すればよいのでも、グローバルな課題に対応すればよいのでもない。アジアにおける課題にも対応していかなければ、その課題がもたらす影響は、アジアとの相互関係が緊密な日本に対しては相対的に大きいものとなるのである。

こうした状況に対し、企業ができることは何だろうか。アジアの変化を見据えた CSR を検討していくことは、日本の CSR が本質的なものとなるだけでなく、アジアの持続可能な成長にも寄与していくだろう。

3.5.4 アジア企業の CSR に学ぶ

また、アジアで事業展開をしていく際、アジアの地場企業がどのような CSR に向けたアプローチをとっているのかを参考にすることも日本企業には必要である。日本企業もアジアで事業展開が進み、現地化が進んでくれば、2.1.1 項で指摘したように、「土着化」のプロセスが必要となる。

現地社員が事業を管理するようになるなど、現地化が進み、進出先の株式市場へ上場するようなことがあれば、日本企業であろうとも、現地企業同然である。そうなれば、CSR のアプローチも、外資企業としてのアプローチとは必然的に変化し、地場企業のアプローチが参考になるケースが増えてくる。地場企業がどのようにその国の市場や地域社会へアプローチしているのか。その手法はその地の社会基盤を知り尽くした地場企業が行うものだけに、そのままのアプローチが可能かどうかは別として、大いに参考になる。アジアでの CSR を考えていく際には、自社の現地化の状況を見据えながら、アジア企業の動向を参考にしていくべきだろう。日本企業が、アジア各国で事業を行う以上、アジアの CSR を知ることは、現地社会に真の意味で受け入れられることにつながるのである。そうなれば、アジアで事業活動を行う日本企業の社会的責任として、アジア各国の持続可能な成長を促していくことへとつながるだろう。

第4章

ソーシャル・ビジネスと CSR

　社会起業家の行うビジネスや BOP ビジネスなど、近年、社会的な目的性の高いソーシャル・ビジネスへの関心が高まっている。しかし、これらはあくまでビジネスであって、CSR そのものではない。本章ではソーシャル・ビジネスと CSR のちがいを明確にするとともに、アジアおける課題を認識する際に不可欠な要素である「開発と CSR」の視点について論じる。

4.1　本業を通じた CSR の意味

　「本業を通じた CSR」——日本では、CSR の理想的な姿を論じるとき、この言葉が頻繁に用いられる。このキーワードが意味するのは、CSR が社会的課題の視点を経営に落とし込んでいく、すなわち、社会貢献活動ではなく、本業ビジネスに落とし込んでいくところにある。そう考えれば、「本業を通じた CSR」は CSR の本質を突いたものであるといえる。しかし、実は本業を通じた CSR の議論がなされるとき、注意しなければならない点がある。
　それは、あくまで本業を「通じた」CSR であって、「本業 = CSR」ではないということである。本業とは、その企業が行うビジネスそのものであり、企業の本質として、それを通じて利潤を上げることが求められる。CSR において重視されるのは、そうした事業活動そのものではなく、事業活動を行う上でのプロセスの中身である。例えば、事業活動を行う前の準備の段階としての営業活動において不正行為を行わないようにすることである。ビジネスを行う結果

として引き起こされる可能性のある環境問題をいち早くキャッチし、その影響を低減したりする対応が重要な要素であり、本業そのものがCSRであるということではない。

本業を通じたCSRを単純に「本業＝CSR」として理解していると、本業をしっかりやっておけばそれだけでよい、と誤解する原因となる。1.3.1項で述べた「お客様満足のCSR」になってしまいかねない。

また、「CSRは経営そのもの」と評されることがある。そのため、企業は経営理念に立ち戻り、それを意識して本業ビジネスを行いさえすれば、CSRは達成されると安易に考えてしまう場合がある。理念は企業内の結束を高めるのには有効であるが、具体的な事業活動の中に落とし込んでいくことができなければ、CSRとはなりえない。

さらに、日本においては、「日本企業は昔からCSRを意識した経営を行っていた」として、その時代を振り返ろうとする懐古主義的傾向も強い。欧州において確立されてきた現在のCSRの考え方は、欧州とは文化や歴史の異なる日本には合わず、日本においては日本のやり方を見直そう、というものである。

CSRのアプローチが地域によって異なるのは、これまでアジアの事例を見てきたことからも明らかであるが、だからといって、欧州などのグローバルなCSRの潮流を無視してもよいということにはならない。それは、企業活動がグローバル化したことで、7社会との対応が要求されるCSRにおいては、当然、グローバルな対応が要求されるからである。すなわち、本業を通じたCSRにおいても、日本のことだけを考えていればよいのではない。気候変動の問題など、グローバルな社会的課題への対応も要求される。

4.2 ソーシャル・ビジネスとは

4.2.1 社会起業家とソーシャル・ビジネス

ソーシャル・ビジネスと呼ばれるビジネスがある。これは本業のビジネスそのものによって社会問題解決を目指すものである。さらに、多くの問題を解決するためには事業を継続させる必要がある。そこで、ビジネスを行うことで、継続性を保っていく。一般的に、そうしたビジネスを行う起業家を社会起業家と呼ぶが、彼らはこれまで、社会的な課題の解決の役割を担っていた政府やNPOセクターでは不十分だった効率性や継続性、資金調達の問題をビジネス

スキームを用いて改善しながら、彼らの事業ミッションである、途上国における貧困や児童労働といった社会的課題の解決を目指すという点に特徴がある。

NPO は財団等からの助成金や寄付にその活動を委ねる傾向があるが、この場合、活動資金を自ら生み出す仕組みにはないため、助成金が得られない場合には、すぐに持続性に問題を抱えてしまう。一方、政府による公共サービスは民間企業と違い、必ずしも効率性が求められてこなかった。そうした中に登場した社会起業家の社会問題解決の手法は、NPO や政府の抱えるそうした課題をクリアする、第三の道として注目される。

なお、社会起業家も大別すると、2つのタイプに分類される。1つは利潤を追求しつつ、社会問題解決を目指すタイプと、2つ目は社会問題の解決を目指し、それを継続的に実現していくために事業を行うタイプの2種類である。前者は株式会社など企業の形態を、後者は NPO の形態をとることが多い。

4.2.2　社会的企業（ソーシャル・エンタープライズ）と CSR

社会起業家が個人を表すのに対し、その組織の形態を一般的に社会的企業と呼ぶ。社会的企業は本業そのものが社会問題解決に資するものであるため、本業こそが CSR なのか、と考えてしまうかもしれない。しかし、これは誤解である。社会的企業にとっても、一般の企業と同様、CSR は事業を行うプロセスの問題として存在している。

1つの事例を紹介する。今や日本を代表する社会的企業として、メディアにも取り上げられる、バングラデシュのジュート（インド麻、綱麻）を使ったバッグビジネスを行う「マザーハウス」である。マザーハウスは「途上国から世界に通用するブランドをつくる」ことを目標に、日本では馴染みの薄い素材であるジュートを使い、さらにバングラデシュの最高の技術を用いたバッグを製造している。マザーハウスは、それらのバッグを、温情で売られる傾向の強いフェアトレード商品としてではなく、日本の通常のマーケットにおいて売られるブランドとしてのバッグを製造し販売すべく、事業展開を進めている。

マザーハウスの事業における本業とは、バッグを製造し、販売することである。

当初はインターネット上の通販のみでの取り扱いであったが、その後、店舗を構え、さらに百貨店で催事を行いながら、事業を拡大してきた。また、その際にはソーシャル・マーケティング[1]の手法も当然に活用されている。彼らの

事業を通じて、バングラデシュの社会にどのような影響があるかを伝え、また創業のストーリーや、実際にマザーハウスを起業した、社長の山口絵里子のメッセージを効果的に活用し、販売戦略に活かしている。

マザーハウスは、貧困に苦しむバングラデシュの人々がつくっている、貧しい人々を助ける意味でも買ってください、ということでは決してなく、あくまで日本市場で、他のさまざまなバッグとの競争の中でも戦えるような独自の商品づくりを目指している。これが彼らにとっての本業である。

一方、マザーハウスが取り組む課題をみれば、CSR に対する視点が明確となる。彼らはまずその企業理念の中でそれを捉えている。途上国が抱えてきた「貧しさ」という問題を捉え、途上国の素材を用い、途上国のもつ技術やノウハウを活用する。そして、途上国に先進国でも通用する製品をつくる新たなビジネスを産み出すことで、その貧しい状況から少しでも脱することのできる機会をつくる。それが、彼らにとっての課題認識である。

> **マザーハウスの企業理念**
> 「途上国」という言葉で一括りにされた場所にも素晴らしい資源と可能性があることを伝えたい。〜（中略）〜よりよい社会をつくるために情熱をかたむける一企業の活動が、今まで「貧しさ」という暗闇の中で見過ごされてきた途上国に、希望の光を灯すことを証明したいと思います。(同社ホームページより引用)

CSR においては、社会的課題を認識し、経営に落とし込んでいくことが重要であることから、彼らにとっての CSR の原点がここにある。

より具体的な CSR は同社のミッションの中に描かれている（図表4-1）。

バングラデシュの資源、人、アイディアを最大限に活用するということは、生産者の労働環境の改善につながっていく。そして、彼らが商品を開発し製造していくことへのモチベーションを保てるような契約条件を結ぶということは、これまで先進国企業が途上国企業を下請けとして買い叩くということでは

---

1 企業が利益や自社の顧客のことだけでなく、社会全体の利益や福祉向上を意識して、マーケティングを行うという考え方。従来のマーケティングの発想を行政機関の運営などに導入する際にも使われる。

（1）生産地の個性を活かすものづくり 　生産地にある資源、人、そしてアイディアを最大限活用します。
（2）労働環境の整備 　クオリティを求める責任として、生産者の労働環境の改善に努めます。
（3）地球環境への配慮 　素材の選定に関して、地球環境に優しいものをできる限り使用します。
（4）妥協しない品質・商品基準 　お客様の満足のために、品質、デザインの発展への向上心を忘れません。
（5）生産パートナーとの販売・生産情報等の共有 　バッグの販売・生産情報等だけでなく、お客様の生の声を生産者と共有します。
（6）いいものづくりへ最適な契約 　生産者といいものづくりへのモチベーションを保てる契約条件を維持します。

（出典）マザーハウスホームページ

図表4-1　マザーハウスのミッション

なく、適切な価格で労働に従事してもらうということである。グローバル・コンパクト（4.6.2項参照）でも指摘されるように、労働条件をめぐるCSRは近年、極めて重要な課題となっている。

　また、先進国でも通用する商品を途上国で製造するには、相応のレベルが要求される。それは、簡単なことではない。とはいえ、彼らにとって、自分たちがつくる製品が先進国でも通用するということがわかれば、大きな自信となり、一層の商品開発への意欲を高めるためのモチベーションとなる。マザーハウスの取り組みは、労働環境の改善という視点を具体的に経営に取り入れたものといえるだろう。

　このように、マザーハウスは本業であるビジネスとそこに統合されるプロセスとしてのCSRを混同していない。同社が自社の事業を「フェアトレードではない」とすることもその表れであろう。

　フェアトレードは、途上国で生産される商品を日本で販売する際のひとつの仕組みである。日本でもフェアトレードはスターバックスなどの大手コーヒーチェーンが導入したことなどにより、多くの人が知る言葉となっている。しかし、日本における一般的なフェアトレードのイメージは、実は「安かろう、悪かろう、でも人の役に立つ」的商品で、一般的な市場で受け入れられるものではない。フェアトレード商品の販売は、デザイン、品質、機能、価格といった消費者の通常の購買基準で一般商品と競争するというよりも、いわば人々の温

情に訴えかけて商品を売るという仕組みが多い。対象商品の種類が増え始めたコーヒーやチョコレートといった食品を除いては、その意義に賛同している人々など極めて小さなコミュニティをターゲットとした特殊な市場にとどまっている。当然、支援を受ける人々が、自分たちがつくった商品が先進国で受け入れられ、人気を博しているといった情報を知ることはなく、彼らのモチベーションとなるようなものとなっていない。フェアトレードは最貧困層の人々の自立支援を目的としているが、現実のインパクトは、新たに事業を産み出し、雇用を生み出すというようなものとも言いがたい。マザーハウスが「フェアトレードを目指すのではない」と明確にその立場をするのには、そうした背景がある。

また、2.3.3項で紹介したタイのワンダーワールド・プロダクツも、タイでは社会的企業として知られる存在である。彼らの姿勢もマザーハウス同様、本業とCSRの視点が明確である。ワンダーワールド・プロダクツの本業は、木製玩具の製造、販売で、主に欧州各国に販売することである。

そして、CSRとして、ワンダーワールド・プロダクツは従業員に対するQOLプログラムや環境保全の意識を明確にしている。特筆すべきはCSRにおける課題認識を本業事業に組み込むことに成功した成果がecoシリーズと呼ばれる商品群である。

CSRの視点は、本業そのものにではなく、その事業プロセスや間接的に本業に影響を与えるようなものにこそ存在する。

4.2.3　民間企業とソーシャル・ビジネス

社会的企業は本業の焦点を社会問題解決自体にあてるため、そのミッションは利潤を上げることよりも、社会問題解決に重きが置かれている。その点、株主に対する責任を有し、利潤の最大化を第1の目的とする通常の営利企業とは基本的に異なっている。では、一般の民間営利企業は、ソーシャル・ビジネスをどのように考えればいいのだろうか。

それにはいくつかの段階がある。社会起業家が行うビジネスのように、その事業が直接、社会的問題の解決につながるようなものが究極の形態だとすれば、通常の営利企業の場合、

① （NGOから攻撃されるなどの）リスクを減少させる目的で社会的課題を意識するビジネス

② その事業領域が社会問題とのつながりが強いビジネス（環境ビジネスなど）
③ ビジネスの成功を第1の目的としつつも、その事業を行うために、社会問題の解決となるようなスキームをビジネスモデルに組み込むもの

といったタイプがあると考えられる。

①についての典型例にバイオマス関連事業がある。しかし、これには、社会的な目的に両面性がある。バイオマス関連事業は枯渇が危惧される化石燃料に代わる燃料として、また、再生可能なエネルギーとして期待が高いものであるその一方で、例えば、バイオエタノールでは、その原料としてサトウキビやトウモロコシなど食糧として使われてきた農産品が使われるため、食用のこれらの産品が高騰、主に途上国における貧困層の生活に打撃を与えるという問題点が指摘されている。そのため、多くの企業がこうした事業にかかわる際には、食用の農産品を活用してはいないことを証明するようになっている。また、バイオディーゼルに関しては、持続性をもったパーム油産業の開発や運営を行うことを目的とした、中立的なNGOの活動であるRSPO[2]（持続可能なパーム油のための円卓会議と呼ばれる）に協力、賛同するといった試みがみられる。

また、②についていえば、再生可能エネルギーなど環境関連が主たるものといえる。そして最近、欧米系を中心とした多国籍企業や途上国の企業の中で行われ始めているのが③のタイプで、その典型例といえるのが、次節で触れるBOPビジネスである。

4.3 BOPビジネス

4.3.1 BOPとは

BOPという言葉が使われるようになったのは、米ミシガン大学教授のC.K.プラハラードが著書『ネクスト・マーケット』の中で、1日2ドル以下で暮らす貧困層のことを"Bottom of the Pyramid"（BOP）と呼んだことがきっかけである。『ネクスト・マーケット』の中で「40億人もの世界の貧困層は寄付の対象ではない。発想を変えれば十分ビジネスになる」として、さまざまな事例を挙げ、BOPを市場としたビジネスを紹介した。世界で40億人がその対象だ

---

[2] Roundtable on Sustainable Palm Oil の略

とすれば、その市場規模は巨大である。購買力という意味でいえば、彼ら一人ひとりのパワーは大きくないけれども、発想を転換し、彼らに合ったビジネスを提供することに成功すれば、いわば独占的に市場をつかむことにつながっていく。この考えは、米国を中心に、世界中に衝撃を与えた。

さらに、2007年5月、世界銀行傘下の金融機関である国際金融公社（IFC）と世界資源研究所（WRI）が共同で、"The Next 4 Billion"（次の40億人）という報告書を発行した。この報告書に描かれる「40億」という数字は、世界の総人口約67億人のうちの40億人のことを指し、プラハラードが指し示した低所得者層の数を象徴的に示したものである。すなわち、「次の」40億人という意味は、「次の市場」としての潜在性を示すものである。

プラハラードも、この報告書も、世界の総人口を購買力平価換算した所得階層別に分け、どの程度の市場規模があるのかを示している[3]。「40億人」は、第4層、第5層に位置する1,500ドル以下の層を指す（図表4-2）。"The Next 4 Billion"によれば、これは地球上の人口の約72％にあたり、現在の米ドル換算の1日当たりの所得がブラジルで3.35ドル、中国では2.11ドル、ガーナ

米ドルに換算した購買力平価		人口
2万ドル以上	第1層	7,500万～1億人
1,500～2万ドル	第2～3層	15億～17億5,000万人
1,500ドル	第4層	40億人
1,500ドル未満	第5層	

（出典）C.K. プラハラード著『ネクスト・マーケット』、英治出版、2005年

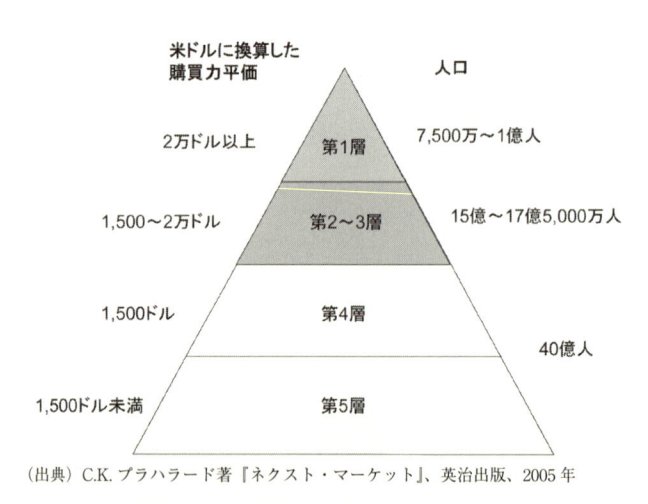

図表4-2　世界の経済ピラミッド

---

[3] "The Next 4 Billion" では、BOP を Base of the Pyramid と呼び、年間所得が500ドル未満の人々をBOP500、500ドル以上1,000ドル未満をBOP1,000（以上低低所得層）、1,000ドル以上1,500ドル未満をBOP1,500、1,500ドル以上2,000ドル未満をBOP2,000（以上中低所得層）、2,000ドル以上2,500ドル未満をBOP2,500、2,500ドル以上3,000ドル未満をBOP3,000（以上高低所得層）と定義し、プラハラードとは若干異なる分類をしている。

で1.89ドル、インドで1.56ドル未満で暮らす人々である。しかし、彼らの購買力を金額換算すると、5兆ドルという巨大な消費市場を成す。一方、ピラミッドの上位の所得階層（3,000〜2万ドル）に属する14億人は世界的には12.5兆ドルの市場を形成している。しかし、彼らの市場は都市に集中し、ある程度供給が満たされた競争の激しい市場となっている。

　実は先進国企業のビジネスモデルは、基本的にこのピラミッドの最上層のみをターゲットとしているものがほとんどである。そして、途上国向けに輸出する製品は、先進国向けのモデルを途上国に合うように改良したり、先進国ではすでに古いモデルとなっている製品を活用するという発想にすぎなかった。ましてや、1日2ドル以下で生活する低所得者層向けに商品開発をするということはほとんどなかったといってよいだろう。ところが、すでに消費財メーカーを中心に、欧米のグローバル企業はBOP市場への積極投資を開始している。また、途上国でも特にインドにおいては、地場の大手企業による事業開発が進んでいる。

　IFCとWRIの報告書、"The Next 4 Billion"では、BOPの消費行動が分析されているが、その中で、同じBOPであっても、地域によって、何に優先的にお金を使うか、すなわち市場の規模や性質に違いがあることが指摘されている。これはBOPビジネスを仕掛けるにしても、全世界同じアプローチでは成功しないことを意味している。

4.3.2　BOP市場

　また、IFCとWRIの報告書、"The Next 4 Billion"ではBOP市場の特徴をさまざまな形で分析している。

> ナイジェリアなどは、BOPの中でも最低所得層に人口が集中する一方、ウクライナなどではBOPのより高い所得区分に集中しています。地域間の差も明らかです。BOP市場はアフリカとアジアでは農村部で支配的で、東ヨーロッパとラテンアメリカ・カリブ海では都市部で支配的です。

　こうした指摘は当たり前のこととともいえるが、BOP市場といっても、都市部のBOPと農村部のBOPでは生活スタイルが異なるであろうから、彼らを

ターゲットにビジネスを行うとすれば、当然、行うビジネスの内容は異なってくる。また、同じ低所得者層といっても、年間500ドル以下の最貧困層と、年間3,000ドルの所得層とでは、当然、購買力も異なってくる。

　BOPビジネスの典型例である、洗剤やシャンプーの小袋販売を例に挙げれば、先進国では量を多く買えばその分、割安になるビジネスモデルのため、消費者は大きな箱やボトルの商品を買うこととなる。しかし、BOP市場においては所得水準が低いため、100回分入ったシャンプーを買うことはできず、むしろ1回分のシャンプーを買う方が現実的である。そのため、ユニリーバやP＆Gといった消費財メーカーでは、洗剤やシャンプーを1回分の小袋に分け、それを1つずつの単位で販売している。

　最貧困層の人々にとって、その小袋洗剤を購入できるのは、1カ月に1回かもしれない。しかし、3,000ドルの所得層ならば、数日に1回程度は購入できるだろうし、そこまで来ると、箱やボトルの需要が逆に高まってくる可能性もある。

　また、所得の差によるニーズの差異は分野によってもかなり異なる。

BOP市場の市場規模は、食品（2兆8,940億ドル）、エネルギー（4,334億ドル）、住宅建設（3,318億ドル）、交通（1,794億ドル）、保健（1,584億ドル）、情報通信（510億ドル）、水（200億ドル）。（各分野の特徴については、図表4-3を参照）

　所得の低い層であればあるほど、まずは生きることが重要であるため、その消費は食品に偏る。所得が上がるにつれ、エネルギーや住宅などに消費の関心が分散するようになる。お金の使い道が増えるわけである。BOP市場をターゲットとしたビジネスを考える場合、こうした特性は視野に入れるべきである。また、この視点は企業の海外投資の際の指標ともなるのではないだろうか。

4.3.3　BOPとCSR
(1) 社会的課題とBOP

　BOPビジネスというのは、あくまでビジネスである。社会的企業とCSRの

分野	市場規模		市場の特徴	先駆的ビジネス例
保健	1,584 億ドル	アフリカ 180 億ドル アジア 955 億ドル 東欧 209 億ドル 中南米 240 億ドル	支出の大部分が医薬品購入に充てられる。	・CFW（ケニア）、Janani（インド）、MiFarmacita Nacional（メキシコ）による薬局のフランチャイズ化 ・Aravined Eye Care Hospital による貧困層が白内障手術を無償で受け入れられる体制整備
情報通信	514 億ドル	アフリカ 44 億ドル アジア 283 億ドル 東欧 53 億ドル 中南米 134 億ドル	代表は携帯電話を利用したサービスで、規制緩和の進展している国ほど浸透している。	・Smart Communication（フィリピン）のエアータイム、送金サービス ・Vodacom Community Service による携帯電話のアクセスの共有サービス
水	201 億ドル	アフリカ 57 億ドル アジア 64 億ドル 東欧 32 億ドル 中南米 5 億ドル	市場の大部分は大規模な都市水道網がカバーするが、行商人や小規模コミュニティ水道網がカバーする部分もある。	・インドでは官民共同体や協同組合が BOP 向けに水道事業を行っている。 ・P&Gによる PUR（希釈漂白剤） ・Vestergaard Frandsen による Lifesraw（携帯用浄水フィルター）など。
運輸	1,794 億ドル	アフリカ 245 億ドル アジア 983 億ドル 東欧 107 億ドル 中南米 459 億ドル	所得の増加に伴い、急増する。主に輸送手段のバイクや燃料に支出される。	・メキシコとフィリピンにおいて、BOP をステークホルダーとして、官民共同による輸送計画設計が実施される。
住宅建設	3,318 億ドル	アフリカ 429 億ドル アジア 1,714 億ドル 東欧 608 億ドル 中南米 567 億ドル	主な支出先は、家賃、住宅ローン、修繕費である。	・CEMEX（セメントメーカー）によるセメントを含む住宅関連サービス
エネルギー	4,334 億ドル	アフリカ 266 億ドル アジア 3,509 億ドル 東欧 254 億ドル 中南米 305 億ドル	所得増加に伴い、都市部では電力などよりクリーンなエネルギーへとシフトする。	・異なる燃料を使える特別なストーブの開発、光発電の活用、発行ダイオードを組み込んだ製品の開発など
食料品	2 兆 8,940 億ドル	アフリカ 2,150 億ドル アジア 22,360 億ドル 東欧 2,440 億ドル 中南米 1,990 億ドル	BOP 家計の支出総額の半分に及ぶ最大の BOP 市場である。	・Hindustan Unilever（印）によるヨウ素添加塩「アンプルナ・ソルト」 ・ダノンとグラミンバンクの開発した安価で、栄養価の高いヨーグルト
金融サービス	不明（公式な試算は不可能）		現状では、5.56 億の BOP 家計のうち、金融サービスへのアクセスがあるのは 0.82 億家計にすぎないが、潜在的には全 BOP 家計にニーズがある。	・SKS Microfinance（印）によるローンと保険のサービス ・Safaricom（ケニア）による携帯電話を利用した金融サービス ・Prodem FFP（ボリビア）による BOP 向け ATM の開発 ・Wizzit（南ア）によるインターネット・バンキング・サービス

（出典）FASID 資料（http://dakis.fasid.or.jp/report/pdf/BriefingReviewNo69.pdf）

図表 4-3　BOP 市場の特徴（分野別）

項で述べたのと同じ理由で、あくまでBOPを狙ったビジネス戦略でしかなく、それ自体はCSRではない。したがって、一般のビジネスと同様、BOPビジネスについてのCSRを別途考える必要がある。そこで、BOP層の特徴を"The Next 4 Billion"より引用しながら、指摘しておきたい。

> 多くは住居の正式な権利もないインフォーマルな生活基盤の中で、水道水、衛生サービス、電気、基礎的保健医療サービスの欠如した生活を送っています。

彼らは大半が貧困状態にあり、人間として受けられる最低限の生活をも脅かされていることが多い。

> BOP層の多くはフォーマル経済に十分に統合されることなく、経済的機会も限られています。生産者として自らの労働力や手工業製品や作物を売るための市場へのアクセスが十分でなく、彼らを搾取する地元の雇用主や仲買人に売るほかに選択の余地がありません。

> BOP層の大半は銀行口座を持たず、現代的な金融サービスへのアクセスもありません。もしお金を借りる場合でも、地場の金貸しから非常に高い利息で借りるのが典型的。大半は電話もありません。

BOP層は貧しいにもかかわらず、富裕層に比べ、余計なペナルティーを支払わされているという特徴がある。"The Next 4 Billion"では、これを「BOPペナルティー」と呼び、「BOP層の多く、あるいはおそらく大半が、基礎的商品やサービスに、富裕な消費者より高い金額を、現金あるいはそれらを得るために払わねばらない労力の形で支払っています。そして多くの場合、品質の劣る商品やサービスを受け取っています」と指摘する。

この点に関し、プラハラードは具体的にインドの都市と農村の格差をデータで示している（図表4-4）。都市住民が享受し得る生活を行うためには、必要以

上の経費を要するという構造的問題が内在しているのである。

これが最貧困層にある人々がなかなか貧困を脱することのできない理由のひとつである。

これを BOP ビジネスを行う企業の目線から捉え直せば、こうした歪んだ社会システムによって抑圧されてきた潜在需要を革新的ビジネスモデルを用いることによって顕在化することで、大きなビジネスチャンスとする、ということになる。

高利貸しが幅を利かせる貧しい農村では、農民のニーズは、もっと適切な利子での融資である。そこに目をつければ、人々が貧困から脱し自立していくための支援となるような融資事業、いわゆるマイクロファイナンス事業を展開するチャンスがあるということになる。社会にある課題を事業に活かしていくという視点にほかならない。

また、マーケティングの視点からも、BOP 層が置かれている現状の改善には意味がある。前述した洗剤やシャンプーの小袋販売を考えてみると、もし現状、1週間に1回しかシャンプーをすることができない消費者の所得水準が上がり、シャンプーをする機会が、5日に1回、3日に1回、と小袋シャンプーを使用する頻度が上がり、購入回数が増えてくれば、企業にとってみれば、売上が2倍、3倍と増えていく。さまざまな課題のために、所得水準が低いということであれば、その課題を取り除き、状況を改善していくことがビジネスの拡大へとつながっていく。

(2) ヒンドゥスタン・ユニリーバとダノンの事例

そこで、BOP ビジネスの事例と、そこにおける CSR の視点を紹介したい。まず紹介したいのは、ユニリーバのインド法人であるヒンドゥスタン・ユニリ

	ムンバイ	BOP 農村
融資（年利）	600〜1,000%	12〜18%
飲料水（／ℓ）	$1.12	$0.03
通話料金（／分）	$0.04〜0.05	$0.03
下痢治療	$20	$2
米（／kg）	$0.28	$0.24

（出典） C. K. Prahalad and Allen Hammond, "Serving the World Poor Profitably", *Harvard Business Review*, Vol.80, No.9, September 2002

図表 4-4　BOP ペナルティ

ーバが行う「プロジェクト・シャクティ」と呼ばれるプロジェクトである。これは、新しいマーケティング手法をBOP市場に導入することで、BOP市場への商品の拡販につなげていった例である。

　ヒンドゥスタン・ユニリーバはその製品を消費社会にある都市部だけでなく、従来のディストリビューターやディーラーではカバーできていない農村地域や村々に、直接販売するネットワークをつくり出す、という手法を用いた。まだ石鹸や洗剤、シャンプーといった消費財の存在すら理解していない農村における、その潜在的に大きな市場を開拓するのが目的だった。ヒンドゥスタン・ユニリーバは、貧困からの脱却を目指し、自立する意欲のある女性を村から選び、彼女らをディストリビューターとして育成し、製品を販売させたのである。「シャクティ・アマ（活力ある女性）」と呼ばれる彼女たちは「自分の村では何が必要とされているのか？　どのような製品に需要があるのか？」という独自の情報をつかみ、それを活用したビジネスを展開しているのである。シャクティ・アマたちは農村におけるBOPの消費者のための、いわば、アクセスポイントになろうとしているのである。彼女らは月当たり3,000～7,000ルピー（60～150ドル）を稼ぐことができるようになり、自身や家族の生活に余裕が生まれているという。

　ヒンドゥスタン・ユニリーバにとり、彼女らの育成はビジネス推進の上で必要不可欠である。そのため、彼女らが起業できるように支援している。同時に、村々において健康、衛生の重要性を説明したり、女性のエンパワーメント[4]支援を行うシャクティ・ヴァニというプロジェクトを行っている。また、農村向けのインターネット・ポータルサイトを構築、政府やITC（インドたばこ）が推進するITキオスク[5]に設置し、村民は登録すればITキオスクのPCを通じ、健康、農業、教育などの情報が得られる、というi－シャクティというプログラムなどを行い、コミュニティ全体の底上げを図っている。

　こうしたプロジェクトは、企業イメージを上げ、洗剤やシャンプーといった

---

[4] 社会的弱者が、自分自身の置かれている差別構造や抑圧されている要因に気づき、その状況を変革していく方法や自信、自己決定力を回復・強化できるように援助すること。またはその理念。「庇護」や「救済」ではなく、本来の権利や人格を保つために力を付与する（エンパワー）という考え方に沿って、教育や支援を行う（『知恵蔵』2007）。

[5] ITキオスクとは、デジタル・ディバイドの解消、e-ガバナンスの推進、農村支援を目的に駅や病院、村の中心などにインターネットに通じたPCなどを設置した施設のこと。インドでは政府のほか、民間企業も積極的にその設置を進めている。

商品を浸透させるという効果を狙ったものである。

　このようにして自社で育てたディストリビューターの売上を上げていくことは、同社の売上拡大になるだけでなく、1人の貧しい女性の経済的自立を促すものともなる。さらに、コミュニティ全体への支援プログラムが売上の拡大につながるものである。したがって、事業を展開する上で直面するさまざまな社会的課題と、同社の事業を戦略的に融合しているBOPビジネスであるといえる。

　なお、このプロジェクトにおいては、
① 健康：シャクティ・ビレッジ[6]においては下痢を理由として亡くなる子どもをなくす
② 教育：女性のエンパワーメント
③ ビジネス：村民にビジネスの機会を提供する
④ つながり：i-シャクティを通じ、情報が得られるようにする

という4点のミッションが明示されている。事業を通じ石鹸などを販売し、さらにはシャクティ・ヴァニなどを通じ、手洗いの意味を啓発する。健康や教育を意識した事業としていることは、まさにCSRの視点であるといえる。なお、同社は2010年までに1万1,000人のシャクティ・アマを育成、さらに10万の村落をカバーし、1億人の農村部需要を掘り起こす計画である。

　また、同社は食品メーカーとしてのBOPビジネスも展開していることで知られている。それは塩にヨードを添加した塩である「アンナプルナ・ソルト」事業である。

　知的発達障害を引き起こすとされる「ヨード欠乏症」は、世界の総人口の約3割が罹患の危険にさらされている。インドでは7,000万人以上がすでに罹患し、約3億人が危険にさらされているという。これはそのままヨードを補う食品のマーケットの大きさを表すものである。そこで、これに対し、ヒンドゥスタン・ユニリーバは貧困層であっても日常的に摂取する食塩に混ぜることで問題を解決できるのではないかと考え、食塩内のヨード成分をカプセル化する技術を開発、ヨードを添加した塩「アンナプルナ・ソルト」を販売したのである。

　これは既存の商品の売り方でBOPにアプローチしていくのではなく、その機能をBOPの抱える課題にフォーカスしたことで生まれたビジネスである。

6　プロジェクト・シャクティが実施されている村。

販売する食品自体をその地域の課題解決となるような機能性の高いものにするといった工夫により、栄養状態のよくないコミュニティの問題の改善に資することができる。同時に、それがBOPにある人々にとって、他の製品よりもよいことがわかれば、売上も拡大していくこととなる。BOPの抱える課題に焦点をあて、それを彼らのニーズとして認識し、事業に活かしている。社会的課題を事業に見事に融合させた事例といえるだろう。

また、このようにビジネスそのものであるBOPビジネスがある一方で、社会貢献活動に近いBOPビジネスもある。その典型例が、フランスの食品大手ダノンと、ノーベル平和賞を受賞し、一躍有名になったムハンマド・ユヌス率いるグラミン銀行の合弁によって、バングラデシュ北部のボグラに工場を建設した低価格ヨーグルト事業である。彼らはヨーグルトに強化ビタミンを配合、生産し、それを可能な限り低価格で販売している。これにより、貧困層の栄養改善と雇用促進を目指すというものである。これだけならば、ヒンドゥスタン・ユニリーバのアンナプルナ・ソルト事業と似たモデルといえるが、このケースが特徴的なのは、この合弁会社で上げた収益が工場施設増強などの再投資に回すことが約束されているという点である。ダノンにとって、この事業はビジネスというよりも、本業を活かした社会貢献活動ともいえる。このように、BOPビジネスにもさまざまなタイプがある。

(3) BOPビジネスにはCSRの視点が不可欠

これらの事例を見てもわかるように、BOPビジネスは社会的課題を事業に取り込むものである。そのため、CSRの視点は十分に意識しておく必要がある。貧困層を市場として考えるものだけに、戦略を誤れば、企業にとってのマイナスリスクが生じかねないためである。BOPビジネスに取り組む企業の中には、貧困問題に本業を通じて取り組めば、社会貢献ともなり一石二鳥と安易に考えることもあるだろうが、貧困という大きな社会的課題を背景に抱えた消費者であることを明確に認識しておく必要がある。単なる金銭面での損失にとどまらず、貧困層を顧客とするビジネスは、「搾取」である等の批判と背中合わせに存在しており、企業にとっては社会的なレピュテーションリスクともなりかねない。そこで、BOPビジネスによるそうしたリスクを回避し、さらに社会的な価値も向上させるためのCSR戦略が重要となるのである。

CSRにはさまざまな側面がある。コンプライアンス、リスクマネジメント

といった守りの部分もあれば、企業の社会的価値を積極的に向上させるための攻めのCSRもある。それゆえ、BOPビジネスを行う際には、そのビジネスがその企業にとってどのような意味があるものなのかを明確にしておく必要がある。社会目的性が強く、限りなく社会貢献活動に近いダノンのヨーグルト事業のようなものもあれば、ヒンドゥスタン・ユニリーバのようにあくまでもビジネスそのものである、という場合がある。

　BOPビジネスを行うにあたっては、BOPをどう考えるかがまず重要となる。一方、CSRにおいては、社会的課題に企業がいかに応えていくか、ということが重要である。そのためには、まずはBOPがどのような社会的状況にあるのか、そしてそのビジネスを行った結果、彼らにどのような影響を与えるのか、そういった点を認識しておく必要がある。BOPビジネスはあくまでビジネスであるため、マーケティングの観点も必要となる。しかし、通常のマーケティングにおいてはどうすれば売れるか、という点に焦点が置かれるが、CSRの視点からいえば、単に「売れる」だけでなく、売った結果として、買った人やディストリビューターにどのような効果をもたらすのか、を認識しておくことが重要となる。

　1.4.2項で見たとおり、ユニリーバと国際NGOのオックスファムはユニリーバのインドネシアにおける事業について広範な影響調査を行っている。BOPビジネスにかかわる最大のステークホルダーは貧困に苦しむ人々である。それを認識しながら、BOPビジネスに取り組み、企業としての価値向上につなげていくのであれば、本業を通じCSRを果たしていくことができるだろう。逆に、そうした視点を持たないままに、BOPビジネスを考えるということは、大きなリスクを内在したままであるということである。

4.4　インドとソーシャル・ビジネス

　インドにおいては、2.3.2項で事例として挙げたタタ・スチールのように、地域コミュニティを強く意識したCSRがある一方で、地場企業によるソーシャル・ビジネスがさまざまな形で行われている。その多くは貧困問題など開発にかかわる課題の解決に取り組むものである。とはいえ、地球温暖化への対応など、先進国で重要と考えられる課題への取り組みは多くはない。また、開発分野にかかわる社会起業家の活動も盛んで、それを支援するNGOも組織化さ

れている[7]。

こうした背景から、インド企業ではソーシャル・ビジネスとCSRの関係性が強い。ソーシャル・ビジネスを補完するための活動として、CSRが位置づけられている。

4.4.1　ICICI銀行

その典型的な例が、インド民間商業銀行第2位のICICI銀行である。ICICI銀行はマイクロファイナンス事業で成長したことで知られるが、彼らにとってのマイクロファイナンス事業はあくまで低所得者層を対象とした融資事業であり、新規顧客を開拓するという意味での本業ビジネスそのものであってCSRではない。

そこでICICI銀行は、農村部が主たる事業領域であるため、農家向けに特化したATM、移動式のATMといった機器を開発するなど、農村部での事業推進を徹底している。

一方、同社のCSRはビジネスとの関係性が極めて強く、マイクロファイナンス事業を側面支援しているものがCSRとして考えられている。その役割を担っているのが、ICICI財団である。同財団は、

① 低所得者層のマーケットへのアクセスを円滑化すること
② 低所得者層の能力開発促進
③ サステナビリティの促進

の3分野における専門組織を設立している（図表4-5）。③は主に環境問題への対応を目的とするものだが、①、②に関しては、同社のマイクロファイナンス事業を側面サポートするものである。お金を融資するだけでなく、貧困層の能力開発を支援したり、また銀行のネットワークのない遠隔地向けの金融サービスを開発するなど、本業を補完するプログラムが展開されている。

このように、インドにおいてはソーシャル・ビジネスとCSRが強く関連づけられている場合が多い。4.3.3項で紹介したヒンドゥスタン・ユニリーバも同様である。

---

[7] 米国に本拠を置き、世界63カ国に支部をもつ社会起業家支援財団であるアショカ（Ashoka）は、インドでは1981年に活動を開始。これまでに300人を上回る社会起業家を輩出している。

	①マーケット・アクセス	②能力開発促進		③サステナビリテイ	
優先分野	マーケット	健康	教育	権利	環境
パートナー IFMR Trust	○	○	○		○
ICCHN		○		○	
ICEE			○	○	
NGO	○	○	○	○	○
ESPF	○				○

IFMR Trust（Institute for Financial Management and Research Trust）
ICCHN（ICICI Centre for Child Healthand Nutrition）
ICEE（ICICI Centre for Elementary Education）
ESPF（Environmentally Sustainable Prqject Finance）
（出典）ICICI財団案内資料

図表 4-5　ICICI 財団の活動分野

4.4.2　ITC（インドたばこ）

　ITC（Imperial Tobacco Company of India Limited）は1910年設立で、もともとはタバコを専売事業とする国営企業であった。現在では民営化し、タバコ、ホテル経営、農業、包装資材やティッシュペーパー、マッチ、線香、ギフト関連品の製造、出版、印刷業、菓子製造なども行うコングロマリットに成長している。インドの民間企業の中では、税引き前利益で第3位、農業関係では最大の輸出企業である。

　ITCの事業を語る上では、「e−チョーパルと呼ばれるBOPビジネスを欠かすことはできない。これは同社がタバコ事業を通じて培ってきた農村でのネットワークを活用したBOPビジネスである。e−チョーパルは、専門性を有する農業において、特に農村部における生産性の向上を目的に、ITキオスクを設置、それを活用し、農民に対するトレーニングを行っていくプログラムである。ITCのこの事業は戦略的な農村をターゲットにしたマーケティング戦略に基づくものとして知られている。

　基本コンセプトは、ITCが選別した農村にITキオスクを設置することからスタートする。そして、この拠点に置かれたインターネットに接続されたパソコンを活用し、農民は現在、自分が売りたいと考えている農産物が市場においていくらで取引されているのかを確認する。それは取引の際に、不当な価格で買い叩かれないよう、自分が納得できる最適な価格で取引できるようにするためである。

通信網の整備の遅れもあって、農村部ではこうした情報はなかなか得ることができないため、結果的には仲買業者の言い値で売ることしかできないことが少なくない。いくら買い叩かれていようとも、適正価格がわからないのであれば、対応のしようがない。そこで、ITCは農民インターネットでそうした情報を得ることができるようにし、農民の収入の安定化を図ろうとしたのである。そのため、ITCはパソコンの使い方、さまざまな市場での取引価格を調べる方法を教え、彼らのITリテラシーの向上に努めている。また、農業指導も同時に行っている。

ITCにとって、このプロジェクトは単なる農民の支援にとどまるものではない。実は、ITC自身が農産物の取引を行う事業者であるため、こうした適正価格を知らせる手段を農民に提供することで、ITCと取引を行う農家が増えることを期待するものである。農民はこのプロジェクトに参加しているからといって、ITCに農産物を売らなければならないというわけではなく、自身に有利な価格で取引すればよい。が、ITCの取引価格は仲買人を介さないために、好条件での取引価格を設定することができることが多く、農民から安定的に農産物の供給を得られる仕組みが形成されている。

また、さらにこのプロジェクトが興味深いのは、ITCが農産物の買い取りをする場所にある。なんと、この取引所はITCが運営するスーパーマーケットの中に併設されているのだ。各村々にITCの関係者が出向き、直接取引をするのではなく、取引所を設置し、農民はそこに農産物を持ち込んで、取引するという仕組みになっている。

取引所では、ITCの自主ブランドの日用品から食品に至るまで、ITC自身による商品展開がなされている。取引を終え、現金を得た農民がそのスーパーマーケットで買い物ができるようにしているのである。多様な事業展開をするITCだからこそ可能なビジネスモデルである。インドは11億人強の人口を抱え、そのうち約7割が農民である。そう考えれば、ITCにとっての市場規模は極めて大きい。

なお、このプロジェクトにおいては現在、6州に6,400カ所のITキオスクをつくり、4万の村、410万人の農民を対象としている。2012年には15州に2万カ所のITキオスク、10万の村、100万人の農民にプロジェクトを拡大していこうとしており、さらに拡大するであろう農村の消費力に期待しつつ、農民のエンパワーメントを図っている。

ITC にとって農業は中核事業である。それを核として小売業へも事業拡大することに成功している。その過程で、ITC は、農村部が情報から隔絶されていることを認識し、彼らが情報を活用できるよう支援した。それが、ビジネス拡大のきっかけとなっている。

インドの農村部は依然として貧困の状態にあることが多いものの、ITC のように、農村部の可能性に気付き、そこになにが足りなかったのか、なにが必要とされているのかを認識したこと、これが成功の要因であろう。農業ビジネスの拡大という事業戦略と、そのためには農産物をつくる農家のエンパワーメントが必要であると気づいた CSR 戦略とが融合したものといえるのではないだろうか。

4.4.3　グローバルな CSR 動向への対応

さて、インドではこのようにソーシャル・ビジネスと CSR の関連性が強い場合が多い。しかし一方で、グローバルな CSR の動きへの対応も一部の企業では急速に進みつつある。例えば、前述した ITC のサステナビリティ・レポートはトリプルボトムライン[8]を意識し、最新の GRI ガイドラインに則って作成されている。また、同社は、経済、社会、環境のそれぞれに及ぼすインパクトを明示、それぞれにおいて、同社の事業リスクと機会がどこにあるのか、明示している。

また、インドにおいては、CSR を政府が推進するといったようなことはみられないが、経済団体が地場企業の CSR 推進を後押ししている。

例えば、FICCI[9]（インド商工会議所連盟）においては、FICCI Socio Economic Development Foundation（FICCI-SEDF）という財団がその役割を担っており、企業と NGO の連携促進、研修・トレーニング、ステークホルダー・ダイアログのコーディネーションなどを行っている。また、FICCI は 1999 年より、インド企業の CSR の促進のため、「Businessworld-FICCI-SEDF CSR Award」を実施している[10]。その評価基準は、コーポレート・ガバナンス、ビジネス倫理、職場および労働、アファーマティブ・アクション、グッド

---

[8] 企業を財務パフォーマンスのみを評価するのではなく、企業活動の環境的側面、社会的側面、経済的側面の 3 つの側面から評価することを言い表したもの。
[9] Federation of Indian Chambers of Commerce and Industry
[10] この賞の第 1 回受賞企業が第 2 章で紹介したタタ・スチールである。

・プラクティス、サプライチェーン、顧客、環境、コミュニティ8項目からなっており、グローバルな動向に十分に配慮した評価を行っている。

インドにおけるCSRはBOPビジネスや地域コミュニティの開発といった側面が強く印象づけられるが、このようにグローバルな対応を進めている企業や団体も増えている。インドでは脈々と受け継がれてきた企業文化に基づき、グローバルな動向いかんにかかわらず、地域社会への貢献、農村開発、貧困層の支援、初等教育支援などが行われてきた。ここへ来て、その基盤の上にさらに、グローバルな動向に対応していこうとしているといえるのではないだろうか。

4.5 開発の効果拡大のために

このように、開発にかかわる課題に対し、民間企業はソーシャル・ビジネスという形で、関与し始めている。しかし、こうした課題への対応は民間企業だけでできることではない。その効果を最大限にするためには、政府、国際機関、NGO、そして企業が連携していくことが欠かせない。

そこで近年、国際機関による民間企業との連携スキームが開発され、BOPビジネスなどの推進のために、両者の連携が図られている。それが、UNDP（国連開発計画）による、GSBプログラム（持続可能なビジネス育成イニシアティブ）である。このプログラムは、ミレニアム開発目標達成に向けての企業主導による貧困対策の促進を支援するものである。

貧困問題などを抱える地域は、いくらビジネスの可能性があるとはいえども、企業からみれば、積極的にアプローチするには情報も経験も不足しており、リスクは高い。そのリスクを軽減しながら、事業を展開していく必要がある。GSBプログラムでは、開発分野で経験もノウハウも有するUNDPが民間企業をサポートすることで、そうしたリスクを軽減、BOPビジネスや社会貢献活動を通じ、開発にかかわる課題の解決を目指す。

国連とCSRの関係といえば、開発援助のプロジェクトへの入札を通じ、その事業を担うというものが主なものである。しかし、このプログラムはUNDPが資金融資をするという類のものではない。あくまで事業を行うのは企業である。GSBのサービスを受けて実現する投資事業に伴う費用は、想定される利益で回収されるとの前提で、原則、企業が負担することになる。

すなわち、UNDP はこのプログラムにおいては、以下のような役割を担うことになる。
① 専任仲介役として事業を調整する
② 事業に関する途上国でのさまざまな調査を行う
③ 現地パートナーとなり得る企業や NGO に対し技術協力を行う

こうした国際機関との協力は、開発効果の拡大のために重要となるだろう。

また、開発にかかわる大きな課題に対して、官民挙げて協力するというケースも現れている。2007 年 2 月に、スペインのバルセロナで開催された 3GSM World Congress 2007 で、携帯電話業界と米政府による 1,000 万ドル規模の官民パートナーシップ（PPP）「Phones for Health」が発表された。これには、携帯電話業界団体 GSM Association（GSMA）の開発基金や米国大統領エイズ救済緊急計画（PEPFAR）のほか、Accenture Development Partnerships、モトローラ、アフリカの通信業者 MTN や Voxiva が参加した。これはアフリカの 10 カ国にまず焦点をあて、エイズ撲滅へ向け、携帯電話の活用を目指すというものである。

アフリカの多くの国では固定回線のインターネット接続は少なく、伝染病の分布の記録媒体も紙が中心となっている。一方、60％以上の住民は携帯電話ネットワークの圏内に住んでおり、2010 年には 85％の住民がカバーされると GSMA は予測する。Phones for Health では、この携帯ネットワークを活用したシステム構築を行う。

具体的には、医療従事者が、モトローラの携帯を使って医療データなどを入力する。データは中央のデータベースに転送され、各地域の保健局などが Web 経由でアクセスすることが可能となる。医療従事者は、携帯電話をこうした医療データの入力や管理のほか、現場スタッフとの連絡や医薬品の注文、アラートの発信、治療指針のダウンロードなどにも活用できる。

この仕組みはすでにルワンダにおいて構築、運用されている「TRACnet」というプログラムを活用するものである。将来的にはアジアにも活動範囲を広げ、結核やマラリアなど、ほかの伝染病への対応も行う見通しだという。

地球温暖化問題のような共通課題や、グローバリゼーションによる負の影響としての問題でもある開発に関する課題が CSR の主要課題として考えられるようになった。最近では GSR（Global Social Responsibility ／地球規模の社会的責任）という言葉もメディアでは使われるようになってきた。こうした課題

は、特定のステークホルダーに全責任があるというようなものではない。GSRは政府、企業、NPO／NGOなどあらゆるセクターが国の別なく、取り組むべき課題といえる。日本企業にも、本質的なアプローチによる貢献が期待されるだろう。

4.6 企業の開発への課題

　第2章と第3章で、アジアのCSRをさまざまな方向性から概観してきたが、アジアのCSRには大きな特徴がある。それは途上国におけるCSRとも言えるが、それは、「開発」にかかわる課題への対応が求められているという点である。

　先進国と異なり、多くの途上国が国内に貧困問題や衛生面での問題など、多様な社会的課題を抱えている。それだけに、これらの国々で事業を行っていくためには、こうした課題へ対応していくことがビジネスと直結していく。したがって、開発にかかわる課題への対応は、地場企業のCSR戦略においては極めて重要度が高い。韓国やシンガポールなど、すでに先進国の仲間入りをしているようなアジアの国々はグローバルな視点からのCSRがベースとなっているが、中国やタイ、インドといった経済成長の途上にあるとはいえ、まだ多くの課題を抱える国々にとっては、成長のためには欠かせない視点となっている。その典型が貧困削減などミレニアム開発目標に挙げられる社会的課題への対応である。

4.6.1　貧困問題における企業の役割

　途上国における開発は、これまで、開発援助を行う政府や国際機関、農村開発等を行うNGOがその役割を担ってきた。しかし、グローバリゼーションの弊害として生じた先進国と途上国の格差の是正のためにも、多国籍企業がもつ、その大きな経済力に対する見返りとして、開発にかかわる問題への対応を企業に対して求めていこうとする方向性は、今や一般的な考え方となり、特に欧州ではNGOからの企業行動を問題視する指摘が相次ぎ、その対応は急務となっている。

　さて、貧困問題の解決にあたっては、これまで開発援助の世界ではさまざまな方策が講じられてきた。だが、現実としては、いずれも根本的な解決にはつ

ながっていない。災害や飢餓など緊急を要する援助や、ベーシック・ヒューマン・ニーズを満たすために必要な援助、例えば水道を整備し、公衆衛生を維持するであるとか、教育支援のための学校整備といったことは、その国の発展の基礎をつくるものとして、効果を上げてきた。しかし、こうした援助はあくまで問題のある状態を取り除くというものである。貧困を抜本的に解決するために必要な貧困層の「自立」につながるような援助は主流とはなってこなかった。

一方、これまでに貧困から脱し、成長へと歩むことのできた戦後の日本をはじめとしたいくつかのアジア諸国というのは、その国に産業が生まれ、人々が働くチャンスを得ることができた。自立のための雇用が生まれたということである。それが抜本的な貧困解消へと貢献しているのである。

ソーシャル・ビジネスの代表格ともいえるマイクロファイナンスの中心的なスキームであるマイクロクレジットは、起業支援のための少額融資を行うものである。これは、まさに自立のための雇用のチャンスを生み出すということにほかならない。今やマイクロファイナンスは、3,000を超すMFI[11]により1億人以上の利用者に提供され[12]、貧困からの脱却のチャンスを産み出している。

通常の援助のスキームは貧困層への一方的な支援が原則である。それに対し、マイクロファイナンスはあくまで貧困層を市場経済の仕組みの中へ組み入れ、そこに小さな市場を産み出すものである。

企業に対し、開発にかかわる課題への関与が期待されるのは、このマイクロファイナンスの考え方と基本的には同じである。企業が事業を通じて開発にかかわる課題を解決していくということは、貧困層を市場経済の仕組みに組み込んでいくことにほかならない。

かつては、こうした考えは企業が貧しい人をも食い物にしていると、抵抗感もあったものと考えられるが、今やそうではない。いかに企業のもつ経済力やビジネスを通じて生み出される経済価値を途上国の開発に活かしていくか、が問われる時代なのである。

特に、ミレニアム開発目標は21世紀において解決していかなければならない開発にかかわる課題をまとめたものである。政府やNGOだけではなく、今や、企業がCSRを意識する際のひとつの指標として考えられるまでになって

11　Microfinance Institution。マイクロファイナンスを実際に実施する機関。
12　利用者のうち、約85％が女性である。

いる。

4.6.2 ミレニアム開発目標とグローバル・コンパクト

　2000年9月、ニューヨークで開催された国連ミレニアム・サミットに参加した147の国家元首を含む189の国連加盟国代表は、21世紀の国際社会の目標として国連ミレニアム宣言を採択した。そこで、平和と安全、開発と貧困、環境、人権とグッドガバナンス、アフリカの特別なニーズなどを課題として掲げ、21世紀の国連の役割に関する明確な方向性が提示された。この宣言と1990年代に開催された主要な国際会議やサミットで採択された国際開発目標を統合し、1つの共通の枠組みとしてまとめられたものがミレニアム開発目標である。この目標は、国連など国際機関はもとより加盟各国がそろって、その解決のために取り組まなければならない8つの目標を示したもので（図表4-6）、これらを全人類が共通の課題として認識し、迅速かつ積極的な対応が必要であるとされている。

　このように説明してみると、これは企業に対して示された目標ではなく、あくまで国際機関と政府に対して示されたものではないか、と考えられるかもしれない。しかし、こうした課題が未解決のまま、発展を阻害されている国々が存在するその根本原因がグローバリゼーションにあるとすれば、それをつくり出した主役である企業にもその責任がある。

　グローバル化と相互依存が進み、企業による投資が途上国の発展に大きな影響を及ぼすようになっていることは事実である。であるならば、企業が途上国の抱える課題に目を向ける責任があるのは当然である。特に、世界中で事業

ゴール1：極度の貧困と飢餓の撲滅
ゴール2：初等教育の完全普及の達成
ゴール3：ジェンダー平等推進と女性の地位向上
ゴール4：乳幼児死亡率の削減
ゴール5：妊産婦の健康の改善
ゴール6：HIV／エイズ、マラリア、その他の疾病の蔓延の防止
ゴール7：環境の持続可能性確保
ゴール8：開発のためのグローバルなパートナーシップの推進

図表4-6　国連ミレニアム開発目標

展開する多国籍企業の責任は大きい。その売上高が一国の GDP（国内総生産）よりも規模が大きいことも珍しくなく、彼らがグローバル経済へ及ぼすインパクトの大きさを鑑みれば（図表 4-7）、開発にかかわる課題は、多国籍企業にとって無視できない課題である。これが、ミレニアム開発目標が重視される第 1 の理由である。

ミレニアム開発目標が重視される第 2 の理由は、経済のグローバル化が進み、途上国と関係しなければ、先進国企業のビジネスがもはや成り立たなくなっていることが挙げられる。いまや、企業にとって、BOP ビジネスのように顧客となる対象が直接、貧困層であることもあるだろう。また、ビジネス自体が発展途上国のさまざまな問題と深くつながっている。企業にとってその国の社会や環境の問題に目を向けることはビジネス戦略上、極めて重要となっている。環境問題や汚職といった課題は事業推進上のリスクであり、対応は不可欠である。長期的にみて、途上国の「持続可能な発展[13]」が企業のビジネス拡大に寄与すると考えられるのだろう。

持続可能な発展の概念は、国連「ブルントラント委員会[14]」が 1987 年に発行した最終報告書 "Our Common Future"（邦題『地球の未来を守るために』／通称「ブルントラント報告」）において提示された。その中で、持続可能な発展は「将来の世代の人々が自分たちのニーズを満たす能力を危険にさらすことなく、現在のニーズを満たすような発展」と定義されている。

1992 年のリオ地球サミット、2002 年の持続可能な開発に関する地球サミットなど、1987 年以来、さまざまな国際会議において、持続可能な発展の目標の実現が叫ばれている。この概念をもとに、具体的な目標を設定したものが、ミレニアム開発目標である。

また、先進国企業が途上国での事業展開をしていくにあたっては、その国の持続可能な発展を阻害するような事業を行うことは CSR 上、大きな問題となる。これこそが、グローバル・コンパクトがつくられた理由である。

グローバル・コンパクトは、1999 年に、コフィ・アナン事務総長（当時）

---

[13] Sustainable Development。邦訳では、一般的には「持続可能な開発」という使われ方がされることが多いが、開発というと、関連するプロジェクトを指すと誤解される可能性があるため、あえて「発展」という用語を使用した。
[14] 国連「環境と開発に関する世界委員会」（WCED = World Commission on Environment and Development）のこと。委員長のブルントラント・ノルウェー首相（当時）の名前からきている。

(単位：百万ドル)

1	米国	13,201,819	39	トヨタ（日本）	204,746
2	日本	4,340,133	40	シェブロン（米）	200,567
3	ドイツ	2,906,681	41	ポルトガル	192,572
4	中国	2,668,071	42	ダイムラー・クライスラー（独）	190,191
5	英国	2,345,015	43	香港	189,798
6	フランス	2,230,721	44	ベネズエラ	181,862
7	イタリア	1,844,749	45	コノコ・フィリップス（米）	172,451
8	カナダ	1,251,463	46	トタル（仏）	168,357
9	スペイン	1,223,988	47	ゼネラル・エレクトリック（米）	168,307
10	ブラジル	1,067,962	48	フォード（米）	160,126
11	ロシア	986,940	49	ING（蘭）	158,274
12	インド	906,268	50	マレーシア	148,940
13	韓国	888,024	51	シティ・グループ（米）	146,777
14	メキシコ	839,182	52	チリ	145,841
15	豪州	768,178	53	チェコ	141,801
16	オランダ	657,590	54	アクサ（仏）	139,738
17	トルコ	402,710	55	コロンビア	135,836
18	ベルギー	392,001	56	フォルクスワーゲン（独）	132,323
19	スウェーデン	384,927	57	シンガポール	132,158
20	スイス	379,758	58	シノペック（中）	131,636
21	インドネシア	364,459	59	パキスタン	128,830
22	ウォルマート（米）	351,139	60	クレデイ・アグリコル（仏）	128,481
23	エクソン・モービル（米）	347,254	61	アリアンツ（独）	125,346
24	ポーランド	338,733	62	イスラエル	123,434
25	オーストリア	322,444	63	ルーマニア	121,609
26	ロイヤル・ダッチ・シェル（蘭）	318,845	64	フォルテイス（ベルギー／蘭）	121,202
27	ノルウェー	310,960	65	バンク・オブ・アメリカ（米）	117,017
28	サウジアラビア	309,778	66	フィリピン	116,931
29	デンマーク	275,237	67	HSBC（英）	115,361
30	BP（英）	274,316	68	アルジェリア	114,727
31	南アフリカ	254,992	69	ナイジェリア	114,686
32	ギリシャ	244,951	70	アメリカン・インターナショナル（米）	113,194
33	イラン	222,889	71	ハンガリー	112,899
34	アイルランド	222,650	72	CNPC（中）	110,520
35	アルゼンチン	214,058	73	BNP パリバ（仏）	109,214
36	フィンランド	209,445	74	エジプト	107,484
37	ゼネラル・モータース（米）	207,349	75	ウクライナ	106,111
38	タイ	206,247	76	ニュージーランド	103,873

（資料）World Development Report 2008、Fortune Global 500 2007 年版より作成

図表 4-7　世界各国 GDP と主要企業売上高の比較（2006 年度）

が提唱しスタートしたものである。その目的は、「グローバル・コンパクトは企業に集団行動を通じて責任ある企業市民として向上することを求め、それによってグローバリゼーションの挑戦に対する解決策の一環を担うことができる[15]」と明示されている。

そして、その解決策として、グローバリゼーションの影響によって特に顕在化した問題を 10 項目列挙している（図表 4-8）。10 項目では少なすぎるとの批判もあるものの[16]、グローバル・コンパクトは、国連人権規約や ILO 条約、地球環境サミット等国際社会における議論をベースにつくられており、現在のグローバルなレベルで議論される CSR を簡潔にまとめたものである。グローバル・コンパクトを遵守していくことは、単に企業自身にふりかかるリスクを回避するということだけではない。途上国における持続可能な成長を後押しするものと考えることができるだろう。

さて、アジアにおいては前述したように、グローバルな動きを本質的に意識している企業は少ない。人権侵害等を理由に経済制裁が課されているアフリカ

【人権】
原則 1：企業は、国際的に宣言されている人権の保護を支持、尊重し、
原則 2：自らが人権侵害に間接的に加担することのないように確保する。
【労働基準】
原則 3：企業は、組合結成の自由と団体交渉の権利の実効的な承認を支持し、
原則 4：あらゆる形態の強制労働の撤廃を支持し、
原則 5：児童労働の実効的な廃止を支持し、
原則 6：雇用と職業における差別の撤廃を支持する。
【環境】
原則 7：企業は、環境問題への予防的取り組みを支持し、
原則 8：自ら率先してより大きな環境上の責任を引き受け、
原則 9：環境に優しい技術の開発と普及を奨励する。
【腐敗防止】
原則 10：企業は、強要と贈収賄を含むあらゆる形態の腐敗の防止に取り組む。

（訳：法政大学国連グローバル・コンパクト研究センター）

図表 4-8　国連グローバル・コンパクト 10 原則

---

[15]　国連広報センターホームページ（http://www.unic.or.jp/）より引用。
[16]　10 項目ということで簡潔にまとまっており、わかりやすいという評価がある一方で、10 項目だけやればよい、と安易に考える企業も少なくないためである。

のスーダンでは、中国企業がその石油資源等の権益確保のため、積極的な投資を行っており、欧米諸国やNGOからの批判が拡大している。しかし、こうした国際社会の声は無視し、自国だけの成長を継続させるために、国策として企業が積極投資を行うような場合もある。

また、CO_2の排出削減は、今やあらゆる国・地域が協力して取り組まなければならない問題である。しかし、これから工業化を必要とする国々の論理から、「先進国が工業化の過程で排出してきたCO_2が温暖化の原因になっているのだから、その責任を負うのは先進工業国であって、発展途上国には工業化に伴うCO_2排出の権利がある、ましてやCO_2削減の義務はない」という主張が出てくるのは極めて正常な反応だろう。

しかし、この認識はすでに時代遅れのものである。アジアはさまざまな外資企業による投資をベースとした発展を遂げ、すでにかなりのレベルでグローバリゼーションが進んでいる。そして、急速な工業化に伴うひずみとしてのさまざまな環境問題も発生している。先進工業国が歩んできた過ちを彼らも再び犯してしまっているのである。

国際エネルギー機関（IEA）が発表している「世界エネルギー見通し」によると、地球温暖化の問題となるCO_2も中国やインドからの排出が急増、2007年には中国の排出量が米国を抜きトップとなる。このままのペースで増え続ければ、2030年には中国のCO_2排出量は114億トンとなり、米国の69億トンをはるかに引き離すという。

前述したような途上国の権利意識は根強く残るだろう。しかし、いくらこれまでの温暖化の責任がないといっても、その国に温暖化の影響が及ばないというわけではない。なんの対応もせずに工業化だけを急ぐならば、逆に彼らの発展を阻害していくこととなる。こうした課題に対しては、先進国、発展途上国の別なく、対応が必要である。これがミレニアム開発目標が重視される第3の理由である。

グローバリゼーションの負の影響を改善する責任は、グローバリゼーションを仕掛ける側である先進国企業だけでなく、グローバリゼーションに巻き込まれていく側の途上国企業においても、その対応が欠かせない。アジアにおいて、なぜCSRが重要なのか。急速なグローバリゼーションへの対応をしなければ、持続的な成長の可能性が閉ざされてしまうからなのである。

4.6.3 "Business Call to Action"

さて、このように開発にかかわる課題に対する認識は国際社会においては高まりつつあるものの、日本企業の間では決してその関心は高くない。こうした課題に対応するのは政府や NGO であるとの認識が、今なお強く残っている。そのせいか、企業が課題の間接的な原因となっている可能性には気がついていない。

ところが、今や欧米グローバル企業を中心に、ミレニアム開発目標に示される課題への対応は CSR における重要な要素のひとつとなりつつあり、積極的なコミットメントを果たす企業が増えている。

それを象徴的に表す状況も生まれている。2007 年 7 月、英国のゴードン・ブラウン首相が国連の潘基文事務総長とともに、ミレニアム開発目標の達成を促進するための宣言 "MDG Call to Action" を発表した。その宣言には欧州、米国、日本を含む各国政府首脳も支持を表明、地球規模の共通の課題として、目標達成に向け、取り組む姿勢を明らかにした。

これは 2015 年の目標期限の折り返し点である 2007 年を迎えても、未だアフリカを中心に改善が見られない地域が多数存在することに危機意識をもった英国首相が各国に呼びかけ、期限までの後半 8 年間で、目標を可能な限り、完全に達成すべく努力していこうと宣言したものである。

この宣言と同時に、主に多国籍企業に対してはミレニアム開発目標に挙げられた課題を、ビジネスを通じ解決していくことを促す "Business Call to Action" という宣言も発表されている。その宣言に対しては、2007 年 7 月には GE やマイクロソフトなど 21 の企業が支持を表明、さらに 2008 年 5 月には 39 の企業、団体が署名した（図表 4-9）。日本企業では、マラリアの予防に効果の高い蚊帳を開発したことで知られる住友化学、ならびに三井物産が署名を行っているものの、その多くは欧米企業である。

ミレニアム開発目標にかかわる社会的課題といえば、どうしても ODA（政府開発援助）など、国家間による取り組みとのイメージが強くなりがちである。しかし、この宣言が企業向けにも提案されたという事実は認識しておく必要がある。

このアクションにおいては、以下の 3 項目における貢献が期待されている。

① 途上国における雇用機会の創出
② サプライチェーンの質の改善

③ イノベーションと技術の提供

すなわち、寄付などの一時的な社会貢献ではなく、企業の本業を通じてのミレニアム開発目標への貢献が期待されているのである。

このように、欧米企業を中心として、開発にかかわる課題は今やグローバルなCSRを考える上においては、認識し対応すべきものとして理解がなされてきている。日本企業もその対応は今後ますます必要とされるだろう。

なお、この宣言は主にサブサハラ・アフリカ[17]における状況を改善するこ

07年7月31日署名	08年5月6日署名（抜粋）
アングロ・アメリカン（英）	アクセンチュア（米）
ベクテル（米）	アトキンス（英）
ベルテルスマン（独）	バークレイズ（英）
シスコ・システムズ（米）	BHPビリトン（豪）
シティ・グループ（米）	CBI（英）
デ・ビアス・グループ（南ア）	セントリカ（英）
ディアジオ（英）	エンブラエル（ブラジル）
フェデックス（米）	インドたばこ（ITC）
GE（米）	KPMG（米）
ゴールドマン・サックス（米）	ニューズ・コーポレーション（米）
グーグル（米）	ファイザー（米）
モエヘネシー・ルイヴィトン・グループ（仏）	リオ・ティント（英）
マッキンゼー（米）	セインズベリー（英）
マイクロソフト（米）	シェル（蘭）
ペプシコ（米）	スタンダートチャータード銀行（英）
ロイター・グループ（米）	エリクソン（米）
SABミラー（英）	テレフォニカ（スペイン）
タタ・グループ（インド）	コカ・コーラ（米）
ユニリーバ（蘭）	住友化学
ボーダフォン（英）	三井物産
ウォルマート（米）	

（資料）DFIDホームページ資料より作成

図表4-9 "Business Call to Action" 宣誓企業

---

[17] アフリカ全土の国からエジプト、チュニジア、リビア、アルジェリア、モロッコおよび南アフリカを除いた47カ国を指す。

とに主眼が置かれている。それはミレニアム開発目標の主たる目標に対し、サブサハラ・アフリカでは、ほとんど改善が見られず、状況が深刻なため、その状況改善を最優先しているのである。だからといって、アジアに問題がないわけではない。アジアの途上国におけるビジネスを行ったり、地場企業との取引を行ったりする際には、グローバル・コンパクトに挙げられるような項目は最低限遵守し、さらにその国で事業を展開していくのであれば、ミレニアム開発目標に挙げられるようなその国の持続可能な成長に向けた課題への対応もまた当然、要請されていくのである。

第5章

アフリカの成長と企業の役割

「忘れられた大陸」とさえ呼ばれたアフリカが今、資源需要の高まりとともに脚光を浴び、企業による投資が進んでいる。しかし、サブサハラ・アフリカ諸国は未だ1日1ドル以下で生活する人口が4割を占める最貧国である。アフリカの発展にアジアの経験は活かされるのか。活発化する企業によるアフリカ投資において、CSRの知見はどのように活用できるのだろうか。

本章では、アフリカの現状を概観するとともに、多国籍企業によるアフリカの社会的課題へのアプローチを紹介する。

5.1 アジアとアフリカの社会経済的環境

5.1.1 ミレニアム開発目標中間評価〜アジアの発展が寄与

開発をめぐる課題がCSRの論点として考えられるようになったことで、ミレニアム開発目標への関心も高まっている。2007年には、目標期限の2015年に向けた折り返し点ということで、主にその目標達成度を評価する報告がなされた。

そこでは、いくつかの指標において大きな改善がみられたことが指摘され、各国の取り組みが着実に成果を上げていることを評価している。一方、指標の改善に貢献したのはアジア各国の経済成長に伴う貧困層の減少による影響が大きく、サブサハラ・アフリカの状況には大きな改善はみられないという問題も明らかにされた（図表5-1）。

1日1ドル以下で生活する人口の割合（％）		
サブサハラ・アフリカ	1990年	46.8
	1999年	45.9
	2004年	41.1
南アジア	1990年	41.1
	1999年	33.4
	2004年	29.5
東アジア	1990年	33.0
	1999年	17.8
	2004年	9.9
東南アジア	1990年	20.8
	1999年	8.9
	2004年	6.8
発展途上国	1990年	31.6
	1999年	23.4
	2004年	19.2

5歳以下乳幼児死亡率（人／1,000人中）		
サブサハラ・アフリカ	1990年	185
	2005年	166
南アジア	1990年	126
	2005年	82
西アジア	1990年	68
	2005年	55
東南アジア	1990年	78
	2005年	41
東アジア	1990年	48
	2005年	27
発展途上国	1990年	106
	2005年	83

（出典）The Millennium Development Goals Report 2007

図表5-1　ミレニアム開発目標中間報告（抜粋）

　例えば、極度の貧困下に暮らす人の割合は、1990年の約3分の1から、2004年には5分の1未満にまで削減されたとされるが、サブサハラ・アフリカでは、増加傾向から横ばいへと変化したにすぎないのである。

　ミレニアム開発目標はアフリカの諸問題のみをテーマとしているわけではないが、国際社会においてはこうしたデータもあり、より深刻な状況にあるサブサハラ・アフリカがミレニアム開発目標のターゲットの中心として、これまで以上に認識されるようになっている。

5.1.2　アフリカの現在

　その一方で、今、国際社会においてアフリカが注目されるのは、「資源国」としての存在である。これまで貧困や飢餓の問題など、マイナスイメージばかりが先行してきたアフリカだが、資源ニーズの高まりがグローバル社会のアフリカへの関心を高めている。

　アフリカには世界の石油埋蔵量の約9％が分布すると見られている。確認埋蔵量は約1,000億バレル、産油量は約1,200万バレルの規模となっている。また、天然ガスも世界の約8％にあたる量が分布し、欧米諸国へ供給されている。2010年ごろには欧米の需要の約半分の年7,000万トンを供給できるとい

う。

　また、鉱物資源も、ニッケル、コバルト、プラチナ等のレアメタルも含め、多様に分布している。生産量でも世界の約8%を占めるとみられ、プラチナやパラジウムに至っては世界の約9割、クロムおよびマンガンは8割以上、コバルトは約4割、バナジウムも約3割がアフリカに分布している。しかも、アフリカの資源開発はまだこれからのものも多く、その潜在力は極めて大きい。

　アフリカでは、先進国の資源メジャーによる開発のほか、中国やインド、韓国企業による開発も盛んである（図表5-2）。さながら各国による資源獲得競争の色合いが濃くなっている。また、アフリカ諸国にとっても、資源開発はまさに「金の卵」であり、自国の発展のため、積極的に外資を受け入れている。すでに、一部の資源国では高い経済成長を実現し始めており、原油が同国輸出の9割以上を占めるアンゴラでは、2007年の経済成長率は実に21.1%（推定値）に上っている。

　一方で、スーダンのように内戦や人権問題で米国などからの制裁を受けながらも、中国などによる積極的な投資を受け、石油開発を行っている国もある。政経分離原則に基づき、スーダンにおいて資源開発を行う中国に対しては、米国や欧州諸国などがその姿勢を強く非難するなど、国際問題にまで発展している。開発に加わる中国の国営企業などに対するNGOからの批判の声も大きい。

≪石油・天然ガス≫

ナイジェリア	シェル、トタル、ブリティッシュガス、中国海洋石油有限公司、インドラマ（インドネシア）
チャド	エクソンモービル、シェブロン、ペトロナス
赤道ギニア	三井物産、マラソンオイル
コート・ジ・ボワール	アルサーニー（UAE）、ルクオイル（露）

≪鉱物≫

南アフリカ	BHPビリトン（石炭、ボーキサイト）、リオティント（銅）、アングロ・プラチウム（プラチナ）、エブラス（露/バナジウム）など
赤道ギニア	BHPビリトン（ボーキサイト）、中国アルミ（ボーキサイト）、三菱商事（ボーキサイト）
ザンビア	BHPビリトン（銅）
エチオピア	北京東南亜資源科技有限公司（中国/亜鉛、銅、金）
セネガル	アルセロール・ミッタル（印/鉄鉱石）

（資料）各種報道資料より作成

図表5-2　各国企業によるアフリカにおける資源開発例

	平均余命	40歳まで生存できない割合	5歳以下乳幼児死亡率	15歳以上成人非識字率	安全な水を使えない人口の割合	1日1ドル以下人口
ケニア	51.0歳	35.1%	7.9%	26.4%	39%	22.8%
南アフリカ	53.4歳	31.7%	5.5%	17.6%	12%	10.7%
ナイジェリア	46.6歳	39.0%	10.0%	30.9%	52%	70.8%
タンザニア	49.7歳	36.2%	7.6%	30.6%	38%	57.8%
ルワンダ	43.4歳	44.6%	11.8%	35.1%	26%	60.3%
ザンビア	39.2歳	53.9%	10.2%	32.0%	42%	63.8%
エチオピア	50.7歳	33.3%	10.9%	64.1%	78%	23.0%
モザンビーク	44.0歳	45.0%	10.0%	61.3%	57%	36.2%
ニジェール	54.5歳	28.7%	15.0%	71.3%	54%	60.6%
シエラレオネ	41.0歳	45.6%	16.5%	65.2%	43%	57.0%
中国	72.0歳	6.8%	2.3%	9.1%	23%	9.9%
カンボジア	56.8歳	24.1%	9.8%	26.4%	59%	34.1%

※データは取り得る最新のデータに基づく。
(出典) Human Development Report 2007／2008

図表5-3　アフリカ主要国　基礎指標

スワジランド	33.4%
ボツワナ	24.1%
レソト	23.2%
ジンバブエ	20.1%
ナミビア	19.6%
南アフリカ	18.8%
ザンビア	17.0%
モザンビーク	16.1%
マラウィ	14.1%
中央アフリカ	10.7%

(出典) UNAIDS

図表5-4　HIV／エイズ感染率上位10カ国（2005年）

　こうした加熱する資源競争を光の面とすれば、陰の部分ともいえる社会的課題は山積している。依然として、ベーシック・ヒューマン・ニーズにおける改善はアジアなど他の地域に比べ、格段に遅れている。

　図表5-3はいくつかのアフリカ諸国のベーシック・ヒューマン・ニーズにおける基礎指標である。ザンビアやシェラレオネのように平均余命が40歳前後の国や、識字率が3割に満たない国もある。また、1日1ドル以下の人口が国民の6割を占める国も多い。アジア諸国の状況が改善される一方で、アフリカ諸国、特にサブサハラ・アフリカの発展は遅れている。また、HIV／エイズの感染率では実に上位10カ国のすべてをアフリカ諸国が占め、スワジランドに至っては国民の3人に1人が感染しているという（図表5-4）。

5.2　アフリカへのアプローチ

　さて、ミレニアム開発目標の目指す目標は決してアフリカに絞られているわけではないが、主たるターゲットはアフリカとされている。これは前述したように、2007年に発表のあったミレニアム開発目標の中間評価において、アジアにおいては目標達成に向け成果が見える一方で、アフリカにおける遅れが指摘されたためである。アフリカにおける課題がより深刻であり、早急な解決が

5.2.1 援助によるアプローチ

これまで基本的にアフリカの問題へのアプローチといえば、ODA や国際機関による援助が中心であった。特にこれまでは、旧宗主国であるフランスなど欧州各国からの支援規模が大きく、また近年では、ODA 支出規模を拡大させている英国の姿勢が"MDG Call to Action"におけるイニシアティブをみてもわかるとおり、際立っている。また、世界銀行も支援額を増大（図表5-5）、2006 年にはアフリカ・アクションプランを発表し、支援を強化している（図表5-6)。

そうした動向の中、日本による支援は、欧米諸国に比し大きくはない。日本にとっての援助供与先はアジアが中心となってきたためである（図表5-7）。しかし、国連総会等における支持取り付けのためといった政治的な目的もあいまって、近年ではその額が増加傾向にある。特に 2006 年は無償資金協力供与が拡大、無視資金協力総額の半数以上がアフリカ向けとなった。また、2007 年5 月に第 4 回会議が開催された TICAD（アフリカ開発会議）プロセスを主導、それに合わせ、日本政府独自の支援策も表明され、対アフリカ ODA の増額も決定している。

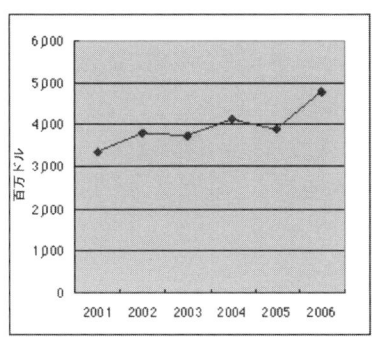

（出典）世界銀行ホームページ

図表 5-5　世銀による対アフリカ支援額推移

・アフリカの民間セクター強化
・経済活動への女性の参加拡大
・グローバル経済における競争力拡大を目指したスキル構築
・農業生産性の拡大
・クリーンエネルギーへのアクセスと信頼性の改善
・道路網と交通回廊の拡大・充実
・信頼できる上下水道へのアクセル改善
・国の保健制度の強化とマラリア・HIV／エイズ対策

（出典）世界銀行ホームページ

図表 5-6　アフリカ・アクションプラン（2006 年）

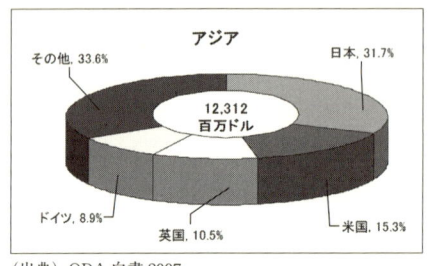

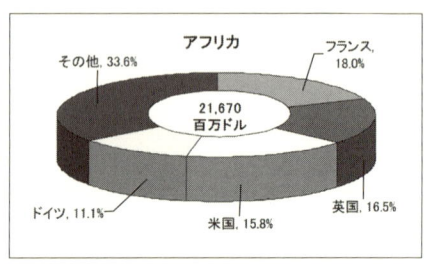

(出典) ODA白書 2007

図表 5-7　主要国の地域別援助実績の割合（2005 年）

5.2.2　民間セクターのアフリカの社会的課題へのアプローチ

これまで、日本企業の CSR におけるアプローチの主戦場はアジアだった。日本の企業にとっては、アジアこそがビジネスの主戦場であったからである。

なにより、アフリカは地理的に遠い。アフリカに新たな産業を生み出し、地域に貢献していった松下電器によるタンザニアでのラジオ・乾電池工場（1966 年〜）といったいくつかの先進的な動きを除いては、頻発する内戦、悪化した治安、気候風土の違いなどもあり、それほど重視される市場ではなかった。事業展開がほとんどされていないのだから、アフリカにおける CSR が意識されることがほとんどないのも当然である。

一方、欧米企業（特に欧州企業）にとってのアフリカは、植民地化していた歴史もあって、言葉が同一であるという利点がある。さらには距離的な近接性もあり、そのアプローチは日本に比べればはるかに盛んで、多様である。最近では CSR の観点から、アフリカの社会的課題の解決に直接ターゲットをあてた社会的責任ビジネスとでもいうべきプロジェクトもいくつもみられる。

そこでまず、4.6.3 項で挙げたミレニアム開発目標の達成推進のための宣言 "Business Call to Action" に賛同している企業の中から、アフリカにおける社会的課題へのアプローチの事例を紹介する。

(1) GE（ゼネラル・エレクトリック）

米国の大手エンジニアリングメーカーである GE は、アフリカにおいては石油・ガス、海水淡水化プラント等のインフラ事業、物流、航空機関連部品、ヘルスケア事業など幅広い事業を行っている。

同社はミレニアム開発目標への関与を企業責任として明確にしているが、

2007年度のCR（企業市民）レポートには次のように記載されている。

> MDGsに関連するアフリカでの活動も、事業戦略に重要です。30カ国のうち、29カ国が国連の人間開発指数の最下層にあるアフリカ大陸では、GEの最も革新的な製品によって国民を助けることができます。

　そこで、同社ではいくつかのプロジェクトを実施している。そのひとつが、「GEアフリカ・プロジェクト」である。これはガーナをはじめとするアフリカにおける乳幼児死亡率の削減、発電と新鮮な水の供給を意図したプロジェクトで、GE製品ならびに社員のもつ専門知識の活用を通じて貢献するというものである。具体的には、農村部での医療普及のために、GEエナジー、GEウォーター、GEヘルスケア、GEコンシューマー＆インダストリアルの製品やノウハウを医療施設の改善に活用している。

　また、ガーナでの成果をベースに、2006年にはコロンビア大学ジェフリー・サックス教授とコロンビア大学地球研究所との協力の下、アフリカの9カ国にプロジェクトを拡大した。こうしたプロジェクトによって改善された病院は「GEミレニアム地区病院」と命名されている。

　ほかにも同社は「GEプライマリー・ヘルスケア・プログラム」という特定地域に合わせた製品を設計する成長イニシアティブを展開している。新興市場におけるヘルスケア・テクノロジーへのニーズと現状のギャップを埋めるのが、同プログラムの目的である。GEはこのプログラムを行うヘルスケア分野を「事業チャンスと企業市民活動が自然に交わる」ところとみなしており、本業を通じての貢献を意識している。

(2) ディアジオ社（Diageo）

　英国の大手アルコール飲料製造・販売メーカーのディアジオ社は、「社会への貢献はビジネスを通じた経済的価値創造を通じて得られるものである」としている。同社の生産設備の5分の1は途上国にあり、グローバルでの生産高の半分以上を計上、5,000人以上の雇用を生み出している。そのため、多くの原材料を現地調達するなど、同社のバリューチェーンにおける事業活動を通じたオペレーションによる経済的なインパクトによっても貢献することができるの

である。

　同社はカメルーンでの酒醸造用のソルガム（サトウモロコシ）の栽培において、土地にあった品種を特定し栽培した農民向けにソルガムの栽培方法についてトレーニングを実施している。また、同社は保管倉庫や輸送インフラの整備にも資金を提供している。同社は結果として、約1万6,000トンのソルガムを購入し、当地の約1万人に利益をもたらした。それは、カメルーンの農業基盤と収穫および農民の収入を向上させることに寄与している。

　また、コアビジネス以外の分野でも、社会貢献活動を通じ、ミレニアム開発目標がターゲットとする分野への貢献を果たしている。例えば、清潔な飲料水へのアクセス[1]、HIV／エイズ対策が挙げられる。

(3) フェデックス社（FedEx）

　航空貨物を事業とするフェデックス社は、その本業を通じての貢献を行っている。特に、米国のNPOであるORBISとの協働による"ORBIS Flying Eye Hospital"（ORBIS空飛ぶ眼科病院）は特筆すべき取り組みである。

　WHO（世界保健機関）のデータによると、現在、世界で約3,700万人の人々が視力を失っているが、その内の8割については適切な処置を施せば失明を避けることができたとされる。また、さらに1億2,400万人が失明の危機にあるという。同社は米国に本拠地を置くNPOで、避けることのできる失明の危機を減らす活動を行うORBISと連携し、"ORBIS Flying Eye Hospital"という事業を支援している。

　失明してしまう最大の原因は適切な処置が施されないことによるものである。その多くが途上国に住む人々が適切な医療設備へのアクセスがないことに起因する。アクセスを可能とすることができれば、失明の危機を予防することができるのである。

　そこで、ORBISはDC-10型機を活用した空飛ぶ眼科病院を開発。フェデックス社はボランティアのパイロットを派遣し、世界中の国々へと手術を行うことのできる医療チームと、地域コミュニティへの予防のための啓発教育を行う

---

[1] 同社は清潔な飲料水へアクセスすることができるようにするプロジェクト"One Million Challenge"を実施。世界には清潔な飲料水へのアクセスがない人が10億人おり、うち4億人はアフリカに住んでいる。同プロジェクトによって、現在までに50万人以上の人々が清潔な水にアクセスすることができるようになった。

ことのできる専門家を運んでいる。

同プロジェクトは1982年にスタート、世界で440万人以上に対し診療を行い、22万6,000件の手術、15万4,000人の専門家の育成を行った。アフリカにおいては、エチオピア、ウガンダ、ガーナ、ナイジェリア、カメルーン、タンザニア、マリ、マラウィ、ボツワナ、ケニア、ブルキナ・ファソへのプログラムを提供。1999年にはエチオピアに常設拠点を開設している。

(4) コカ・コーラ社 (Coca-Cola)

コカ・コーラ社はパートナーのボトリングメーカーとともに、配送センターの拡張と改良のため新たな投資を行った。その結果、地域社会により多くの雇用と収入ならびに企業を生み出した。具体的には、1,800の物流業者において、7,500人を雇用、地域経済に5億ドル程度の利益をもたらしたのである。これはタンザニアにおけるパイロットプロジェクトでの成果であるが、同社は2010年までにアフリカ全土にそのプロジェクトを拡大し、具体的な目標を設定している。

・1,300から2,000の新規の物流事業
・5,300人から8,400人の新規雇用
・3億2,000万ドルから5億2,000万ドルを地域経済への貢献

(5) SABミラー社 (SABMiller)

もともと、南アフリカで起業した英国の酒造メーカーであるSABミラー社は、アフリカにおいては、ビールなど飲料事業のほか、ホテル・レジャー産業にも進出している。

同社は1970年代後半から黒人経済エンパワメント (BEE) 戦略としてアフリカ各地で中小企業開発・育成を行ってきた。例えば、南アフリカにおいて実施されたキックスタート・キャンペーン (Kickstart Champaign) を通じて、これまでに2万2,000人以上の南アフリカの若者が経営技術訓練を受け、3,200を超える新規事業が立ち上げられた。そのうちの9割の事業が設立3年以上継続することができている。

同キャンペーンに対して、同社は過去10年間で総額3,600万南アフリカランド (約5億円) 以上を融資した。また2005年には、南アフリカの酒店経営者約5,000人を対象に公式免許の取得斡旋プログラムを実施し、1,800万ラン

ド（約 2 億 5,000 万円）を支援している。同国のビール産業は 20 兆ランド（約 280 兆円）相当の経済価値を創出し、約 80 万人の雇用を抱える重要セクターである一方で、南アフリカの酒店経営者の 7 割が未だ非公認であるため、同社はこの状況がやがては自社ビジネスにも影響を及ぼすものとして、今後も力を注ぐべき重要課題であると認識している。

5.2.3　国連連携とキャンペーンへの協力

　欧米企業の中にはこのように、アフリカの諸問題に対して、積極的なアプローチを行う企業もあるが、一般的にはさまざまな社会問題を抱える国々における事業展開はリスクも大きく、容易ではない。そこで、4.5 節で紹介した UNDP による GSB プログラムのように、開発援助の分野で培ったノウハウやネットワークをもつ国連機関と民間企業の連携が進みつつある。

　例えば、ユニリーバはタンザニアにおいて 60 万ドルを投資して、ヤシ油の代替品となる可能性のあるアランブラッキア・ナッツ油の供給・販売網の確立を進めている。これまでは、その供給・販売網が存在しておらず、ユニリーバの工場への供給体制が限られていたため、ユニリーバだけでなく、農民や輸送業者らも、その利益を享受することができないでいた。

　そこで、ユニリーバは生産されるアランブラッキア・ナッツ油について市場価格を保証し、地域社会の取り込み（農業協同組合の設立や農民に対するトレーニング）による供給・販売網の構築や強化に投資、安定供給の基盤を整備した。これにより、農民らは直ちに収入が増加するという恩恵を受け、ユニリーバは貴重な原料の供給量の増加へと結びつけている。

　また、アフリカのエイズや感染症問題への支援を行うグローバルな規模でのキャンペーンにおいても、民間企業はその力を発揮している。2006 年に世界的なロックミュージシャンである U2 のボノが提唱した「プロダクト・レッド」と呼ばれるキャンペーンには、その趣旨に賛同した企業が横断的に参画、「(PRODUCT) RED」と銘打った商品やサービスを売り出している。これらの売上の一部は、アフリカでのエイズ・結核・マラリアの対策にあてられるしくみとなっている。2008 年 5 月までに、6,747 万ドルがこのプロジェクトから寄付されている。

　この取り組みには、アップル社や GAP 社、アメックス社など、世界中の企業が参画した。例えば、アップル社は iPod ナノに真っ赤なボディの「プロダ

クトレッド・スペシャルエディション」を準備し、売上の中から、1台当たり10ドルをアフリカでのエイズ・結核・マラリアの対策を行うNGO「グローバル・ファンド」に寄付するようにした。また、GAPはアフリカで全工程をつくったTシャツやデニムなどのアイテムを販売。売上の50％を寄付するだけでなく、商品自体もアフリカで生産していることから、地元で働く機会を提供している。

　こうしたマーケティングと組み合わせ、社会貢献を行う手法（コーズ・リレーテッド・マーケティング）は、企業の社会貢献の新たなトレンドとして注目されている。必ずしもアフリカで事業を行うというわけではないが、アフリカの諸問題への民間企業のアプローチという意味では、単なる寄付ではなく、事業の中に組み込むものとして、コーズ・リレーテッド・マーケティングの効果が期待できる。

　グローバル・ファンドのボビー・シュライバー事務局長によれば、2006年の1年間で、合計2,500万ドルの寄付金が、パートナー企業からグローバル・ファンドに提供された。この数字は、グローバル・ファンドが過去5年間に独自に資金調達してきた数字の5倍に上るという[2]。企業のマーケティングを組み合わせたことで、それだけの資金調達効率が上がったというわけである。

5.3　日本企業のアプローチ

　このようにアフリカやアジアの開発における課題に対し、欧米企業のさまざまな取り組みがみられる一方で、日本企業のアプローチは限定的であるといわざるを得ない。現状、アフリカにおける社会問題の解決に、本業を通じたアプローチを展開している例は数えるほどしかない。

　そのひとつが住友化学によるオリセットネット（蚊帳）事業である。これはアフリカで深刻な問題となっている感染症のひとつであるマラリア[3]の予防のために、同社がタンザニアにある蚊帳メーカーに無償で技術提供し、現地で

---

[2] ASPIRE Intelligence社代表 リップシャッツ 信元夏代氏コラム（http://www.social-market-press.jp/column/22/index.html）参照。
[3] 現在、毎年3.5〜5億人がマラリアを発症、100万人以上が死亡している。その約9割がサブサハラ・アフリカで発生、犠牲者の多くは5歳以下の子どもである。また、マラリアによるアフリカの経済損失は推定約120億ドル（約1兆2,000億円）に上るという（参考：住友化学ホームページ）。

の生産を行っているものである。蚊を媒介とする感染症であるマラリアの予防においては、蚊に刺されないようにすることが最大の予防策である。したがって、アフリカの各家庭において蚊帳を使用するだけで大きな効果が期待できる。しかし、NGO等によって配布された蚊帳は穴が開いていたり、網の目が大きかったりすることがあり、完全な防虫効果がないものも少なくない。

そこで、同社はもともと、工場の虫除けの網戸に使われていた技術を応用して蚊帳を構成する樹脂繊維の内部に殺虫効果のある薬剤を塗布し、網自体に殺虫効果をもたせ、蚊の侵入をさらに防止することにした。これにより、劇的にマラリアへの感染率を低くすることに成功したのである。

2008年現在、UNICEF（国連児童基金）などの国際機関を通じて、50以上の国々にこの蚊帳が供給されている。同社の取り組みによって、今後5年間で40万人の人々がマラリアによって命を落とす危険性から回避できると予想されている。

また、同社のこのプロジェクトが評価されるのは、単にマラリアの予防というだけではなく、アフリカにおいて現地生産することで産業と多くの雇用を生み出しているという点である。現在、タンザニアにおいては2社で製造を行い、年間1,000万張の生産能力をもつが、この2社によるオリセットネット生産だけで3,200人以上の雇用機会を創出しているという。また、ナイジェリアに新規工場の設立も予定されており、さらに5,000人の雇用創出が期待されている。

同社は中央アフリカ、カメルーン、ニジェール、ガーナ、赤道ギニアなどでも、同様の工場設立の可能性を検討しており、オリセットネット事業は同社のアフリカにおける主力事業として成立しつつある。

しかし、このようなケースは日本企業においてはまだ限定的である。社会貢献活動として、途上国で活動するNGOへの寄付はさまざまな企業が行っているものの、本業を活かしたアプローチは少ない。これは日本企業にその能力がないということではない。松下電器のタンザニアにおけるラジオ・乾電池事業は実に1966年にスタートしており、本業を通じたCSRの視点に富むものである。

日本では2008年、TICAD Ⅳの開催に伴い、アフリカへの関心が急速に高まった。また、資源需要の高まりとともに、ビジネスセクターのアフリカ諸国への関心も一層高まっている。日本政府もODAの増額を決定し、官民合同に

よる調査団をアフリカ3地域に派遣した。日本企業のアフリカでの事業展開は今後、増加してくるのではないだろうか。

その際、アジア同様にアフリカにおいても、地域の社会的課題に目を向け、その対応を事業の中に組み込んでいくことが重要である。ましてや、資源開発系の事業が多いともなれば、環境問題はもちろん、過酷な労働条件にさらされる危険性が高いだけに、人権や労働に関する課題への対応は欠かせない。

これまでアフリカはビジネスの舞台というよりも、開発援助の舞台と考えられてきたともいえ、アフリカにとってみれば、ようやくビジネスセクターの関心が大きく高まった好機である。このチャンスをいかにアフリカの持続可能な成長につなげていくか。そのためには、成長を妨げる可能性のあるもの、グローバル・コンパクトに示されるような項目については企業は十分に意識し、さらに、特にサブサハラ・アフリカにおいては、ミレニアム開発目標に掲げられる諸課題を少しでも解決していかなければならないだろう。

ミレニアム開発目標の達成に向け、多国籍企業への貢献期待が一層高まることが予想されるだけに、日本企業は今をアフリカビジネスの好機と捉えるだけでなく、アフリカの持続可能な成長を促進する好機とも捉え、アフリカに対するCSRアプローチを検討すべきではないだろうか。

第6章

CSRを競争力につなげる道筋

「イメージアップの花を添える」ことがCSRの企業競争力にとっての意味なのではない。事業戦略立案にあたって、CSR活動から得られたものが注ぎ込まれたかどうか、が問われなければならない。CSRのプロセスは将来の社会を見通そうとする作業である。そのためには、ステークホルダーとの関係も伝統的な企業行動の範疇から踏み出さなければならない。将来の事業に関する「希少性」、「正当性」そして「成長性」の3つの鍵となる情報を汲み取る必要がある。それらは将来の「ゲームのルール」を形づくっていくからだ。イノベーションを敢行し、新しいルールの下で有利にゲームを運べるようにすることがCSRの競争力にとっての意味である。

6.1 競争力につながる道筋

「CSR調達を進めたいのだが、社内的に合意がなかなかとれない。どうすれば取り組みを進められるのか。やはり善意の問題か」

企業の方から何度か受けたこの質問が、CSRと企業競争力の関係を考え直すきっかけであった。

「CSRとは企業の公共政策である」と筆者は考えている。CSRの本質を見誤らないためには、「CSRとは企業の公共政策である」という認識を忘れないことが重要である。

しかし、「公共政策を担おう」と社内で叫んだところで全社的な賛意と資源

の確保が可能になるものではない。それは、企業人でない私にも十分想像できる。「公共政策を担おう」という部分を「善意を示そう」と言い換えたとしても、たいして状況は変わらないだろう。

もちろん、例外は常にある。なかには「善意を示そう」という方針が、全社的な同意を得ている企業もあるだろう。そのような会社には心から祝意を表したいが、残念ながら模範企業が多くの追随者を生むわけでは必ずしもない。

企業とは、数量的経営指標に強く規律され、規律に応じたインセンティブが付与されている小組織の複合体である。それは利潤を追求するためにつくられているのであって、抽象度の高い理念的な呼びかけに俊敏に反応するようには設計されていない。

本章冒頭の質問に対して筆者はこう答えた。

「私は大きな会社が善意で動くとは思っていない。外向けの体裁は別にすれば、欧米の企業がCSR調達に取り組む最大の誘因はリスク管理である。リスクを避けるために不可避であるからこそ、大きな会社が動くのだ。リスクとは本質的に将来に関することである。よってCSR調達への取り組みを促す上で鍵となるのは将来を読む意志と能力である。」

身も蓋もないと思われるかもしれない。もちろん、日本の企業に倫理観が欠けているというのではない。日本の優秀企業には「利益を上げることを通じて長期にわたり社会に貢献することを目的とする」との企業観が根づいている[1]。松下幸之助の水道哲学はその最もよく知られた例だろう。多くの企業はなんらかの現代版「水道哲学」を奉じている。

> 産業人の使命は貧乏の克服である。そのためには物資の生産に次ぐ生産をもって、富を増大しなければならない。水道の水は、通行人がこれを飲んでもとがめられない。それは量が多く、価格があまりにも安いからである。産業人の使命も、水道の水のごとく、物資を安価無尽蔵たらしめ、楽土を建設することである。

(出典) パナソニックHP http://panasonic.co.jp/eco/policy/kounosuke/km_0003.html

しかし、サプライチェーンに潜むかもしれない強制労働の問題への対処や、

1　新原浩朗著『日本の優秀企業研究』、2003年、日本経済新聞社、p.224

途上国のダム開発がもたらす問題の検討といった事柄は日本企業の「哲学」書の中にはない。そのため、グローバルな CSR が求める公共政策課題と「企業倫理」は接点を失ってしまうのである。これは時間が解決する問題かもしれない。ただ、少なくとも当面は、私のはなはだ潤いに欠く回答は基本的に変わらないだろう。

「善意」は誰も反対しない言葉である。「善意」は NGO のキャンペーンにも使われる言葉だが、社内向けには残念ながら思うように機能しない。

言うまでもなく CSR は企業競争力の向上のために持ち出された概念ではない。社会的価値の実現が CSR の目的である。だが、会社組織を動かすためには CSR が競争力の強化につながることを示す必要がある。以下、あえて本末を転倒させ、「社内向け」にアピールできる CSR を論じていこうと思う。

6.1.1 競争力と CSR の関係

CSR と企業競争力の関係は単純ではない。CSR に取り組んだからといって、それに比例して競争力が強まるという関係にはない。

CSR は企業に対し公共政策の負担を分担することを求める。そして、公共政策の実施にはコストが伴う。むしろ、基本的に CSR への取り組みと企業競争力の強化という 2 つの課題は背反するのである。そこで、背を向け合う 2 つのベクトルを取りなすための知恵が必要になる。

しかし、何事にも限界はある。すべての社会的要請を企業の利益増進に貢献する、常套句を使えば win-win の形、で受け止めることはできないだろう。そのような場合、どこで折り合いをつけるか、均衡はさまざまな要素によって変化する。あるときは企業の利益が優先され、また、あるときには社会的課題への対処が優先される。ひとつの整理の仕方として、ステークホルダーの要求の受け入れの程度について以下の 4 段階に分けた分析がある。

第 1 段階：社会と競争力の統合（Social Competitive Synthesis）
第 2 段階：文脈を変化させる行動（In-Context Action）
第 3 段階：持続可能な社会的コスト（Sustainable Social Cost）
第 4 段階：受け入れ可能な妥協（Acceptable Compromise）
第 5 段階：社会的要請の一時的犠牲（Temporary Sacrifice of Social Expectations）

（出典）Mario Molteni, "The Social-competitive innovation pyramid", *Corporate Governance*, Vol. 6, No. 4, 2006

第1段階の「社会と競争力の統合」とは、ステークホルダーの要請に応える方法のうち、同時に企業の競争力の保持や長期的成功に寄与する方法を指す。
　第2段階の「文脈を変化させる行動」は次善の策である。1社で社会的要請を受け止めると、コストの増大によって競争上の不利を被る。このような事態を回避するため、業界全体の「文脈」を変える行動である。具体的には、業界の自主規制や法令の策定によって競合他社に同様の負担を負わせる行動を指す。
　第3段階の「持続可能な社会的コスト」とは、社会的要請に応えるコストが業績に照らし負担可能であると判断された場合に、それを仮に自社だけでも受け入れる行動である。この場合の「コスト」とは費用と便益の差分であって、社会的対応に伴う便益がないことを意味するわけではない。費用が便益を上回る場合の対応方法のひとつである。
　第4段階の「受け入れ可能な妥協」とは、会社の業績が社会的コストの全面的負担を許さない状況の下でステークホルダーの要請に部分的に応える行動を指す。社会的要請の一部の受け入れと一定の業績の低下のバランスをとることになる。第5段階の「社会的要請の一時的犠牲」とは、社会的要請に対応しないという選択である。ただし、恒久的な拒絶ではなく、将来の進展によって対応可能となるまでの一時的棚上げと定義されている。
　この分析に示される枠組みは、企業がステークホルダーの要求に直面した場合の「頭の整理」に有益である。ただし、上記4つの段階は機械的分類ではないことに留意する必要がある。例えば、「社会と競争力の統合」という選択肢を選ぶことができるか否かは、企業がどこまで突き詰めてステークホルダーの要請と企業の競争力の両立方法を探究するかにも依存する。

6.1.2　リベラル思想の影響

　社会的課題への対応と企業競争力の強化の2つの課題の折り合いをどこでつけるか。
　この点で、CSRを生んだヨーロッパにおいて、2004～2008年ごろに注目すべき変化があった。
　ヨーロッパ27カ国が構成する地域統合体である欧州連合（EU）。EUは行政執行機関として欧州委員会を組織している。CSRという概念を生み育てるにあたり、中心的役割を務めてきたのがこの欧州委員会である。日本国政府が

さまざまな省庁による分掌によって必要な機能を果たしているのと同様、欧州委員会は、総局とよばれる組織が担当分野に関する権能を執行する。例えば、通商政策は貿易総局が担い、環境政策は環境総局が責任を負う。

拙著『ヨーロッパのCSRと日本のCSR』で指摘したとおり、CSRは雇用社会総局と企業・産業総局の共同所管事項として取り扱われてきた。

当初は雇用、人的資源に関する政策を司る雇用社会総局の存在感が企業・産業総局を圧倒していた。これは、若年失業がヨーロッパ社会の持続性を危うくする水準に達しているとの危機感がCSRを生んだことを考えれば、ごく自然なことである。当時、企業・産業総局の担当官と話をしても傾聴すべきコメントに出会うことはほとんどなかった。

しかし、その後状況は変化した。バロッソ委員長（欧州委員会委員長は日本の総理大臣に相当）が2004年に就任して以来、CSRの旗振り役は企業・産業総局の手に移った。言うまでもなく企業・産業総局の存在意義は企業の競争力向上にある。CSRを生んだEUは、軸足を意図的に企業の近くに寄せたのである。

このような変化は、CSRという限定された領域だけの独立した現象ではない。より広い政策の方針転換の文脈の上で理解される必要がある。ヨーロッパの2つの政策理念的自画像、すなわち「リベラル（自由主義的）・ヨーロッパ」と「ソシアル（社会的）・ヨーロッパ」。ヨーロッパは常にその2つのアイデンティティの間を揺れ動いている。思い返せば、イギリスのブレア首相が掲げた「第三の道」とは「リベラル」でも「ソシアル」でもない、中庸を指向する発想であった。

CSRを生んだ2000年当時のヨーロッパの基調は「ソシアル」であった。しかし、2004年ごろから、ソシアル、すなわち社会政策的色彩の濃い政策理念の追求が少しずつ薄まり、リベラル、つまり、市場機能により強い信任を置く政策哲学が次第に鮮明さを増していく。その過程でさまざまな政策の修正が起こっている。その政策の転換がCSRにも反映された。

リベラルな考え方、すなわち自由主義は、企業の利潤追求に制約をできる限り課さないこと基本とする。ただし、リベラルを単に利益至上主義の肯定と捉えてしまうと、リベラルな思想を矮小化してしまうことになるだろう。

第1章において、企業の活動が社会に与える影響は、以下の4つに大別できる旨述べた。

①事業そのもの、つまり投資し雇用を生み、利潤を上げるという行動がもたらす正の影響
②企業が供給する製品・サービスがもたらす正の影響
③社会貢献活動、すなわち納税や配当以外の形で利潤を社会に還元することによる正の影響
④事業そのものや製品・サービスがもたらす負の影響

　リベラルな思想は、①と②の正の影響に強い信任を置く。④の負の影響にとらわれて企業活動の自由度を低めることは、肝心の①と②という社会に対する企業の本質的で不可欠な正の影響を殺いでしまい、結果として社会問題や環境問題の解決に逆行すると考える。新しい環境規制や社会規制の導入に反対する論者はこのような主張をすることが多い。企業がなし得る社会に対する貢献とは何か、についての考え方の相違である。
　リベラル思想の洗礼を受けたヨーロッパのCSRは必然的に「社内説明用のCSR」に接近する。CSRと企業競争力の調整は、一義的には実務的な課題である。ただし、加えて政策理念的な側面も有している。政治的に主流となっている思想と企業の実践の相互作用の中で変化していくものなのかもしれない。

6.1.3　企業にとっての利点

　CSRは、経営論的にはステークホルダー経営モデルに基礎づけられる。社会の要請をさまざまなステークホルダーとの関係から受け止める経営である。
　先に「社会と競争力の統合」から「社会的要請の一時的犠牲」の5段階の対応を紹介したが、CSRに関する費用便益分析は単純なものではない。ある社会的要請に応えることが企業にいかなる便益をどの程度もたらすのか、という問いひとつに対してもさまざまな回答があり得る。一般的な生産能力投資案件などに比べれば、「便益」の捉え方自体が、財務的表現に転換することが困難な価値を含め、そもそも多様であるし、間接的でもある。また、社会的要請への対応は頼るべき前例も少なく「費用」の規模の予測も容易ではない。
　まず、出発点として、CSRについて一般的に言及される「利点」について下記のとおり4類型に整理した分析を見てみよう。

①企業の評判：さまざまなステークホルダーの間での企業の評判
②従業員の志気と帰属意識：CSR プロジェクトは企業の行動規範や価値を促進し、刷新する機会となる。また従業員の間で帰属意識を醸成する。従業員の志気は従業員の離職率を下げ、生産性を上昇させる上で重要である。プラスの効果は CSR プロジェクトの計画や実施への従業員の関与と間接的に相関する。
③経済的プロファイル：売上増大と費用削減のいずれかもしくは両方
④自己実現：ステークホルダーの期待に応えること自体が経営者の動機づけとなる場合

(出典) Mario Molteni, "The Social-competitive innovation pyramid", *Corporate Governance*, Vol. 6, No. 4, 2006

　評判の向上、従業員の志気および帰属意識の強まり、売上増大もしくは費用削減、経営者の自己実現——いずれも CSR の実践のプラス効果としてしばしば言及される。最も具体的な形態が第3番目の点、経済的プロファイルである。他方、1番目の企業の評判と3番目の従業員の志気、帰属意識は、抽象性が高い。筆者は一般的に言えばCSR の評判効果、とりわけ消費者に対する効果については懐疑的である。一方、従業員への影響については説得力があると考えている。
　理由を一言で言えば、あるひとつの会社に対して消費者がもつ利害関係と当該会社の従業員のもつ利害関係には比較にならない差があるからである。消費者にとっては無数の購入対象のひとつを提供している一主体にすぎない。だが、従業員にとっては、人生充実のいかんを大きく左右する存在である。
　4番目の経営陣の自己実現は、本質的に少数の個人の価値観に依存する。経営陣が一定の公共政策的価値実現への貢献そのものに価値を見出すとすれば、当該 CSR プロジェクトのコストはその分、より寛大に容認されるであろう。
　4つの項目のうち、CSR が企業の評判を上げる効果についてはやや慎重な見解を述べたが、事業戦略と一体化している例はある。例えば、自動車業界では古くは1950年代に3点式シートベルトを開発した「安全のボルボ」であり、1997年の初代プリウス発売以降、ハイブリッド車の開発、普及で印象づけられた「環境のトヨタ」である。それぞれの安全に関する評判や環境に関する評価には、場当たり的なイメージアップという域を超えて戦略的価値を与えられ

ている。

　CSR がもたらす効果は、企業の戦略的な方向性と一致しているときに大きくなる。同様のことが従業員の志気や帰属意識についても言える。従業員に対するメッセージには一貫性が必要である。働くことの意義、所属する組織の社会的意義についての納得感をいかに高めるのか、組織の明確な自己定義がなければ CSR の効果も限定的となる。

　しかし、事業戦略がまずあり、それに沿った CSR を展開するとの発想に立つ場合、事業戦略と CSR の相互作用まで考慮されることは希である。すでにある事業戦略を横目で見ながらステークホルダーの要請を取捨選択していくという発想をするとすれば、それは、事業戦略と CSR の有機的連携を欠いてしまっているとも言える。CSR が潜在的に有する経営上の意味は、「事業戦略の立案にあたって、CSR 活動から得られたものが注ぎ込まれたかどうか」、「事業戦略の立案そのものに CSR が貢献できるかどうか」ということにある。環境に重点を置いた経営戦略をとる企業が、関連性の高い分野で CSR に取り組んで「イメージアップの花を添える」ということが経営上の意味ではない。

　このような視点、すなわち、「企業の事業展開方針やその方法論に対して CSR 活動がどのように貢献するか」という疑問に回答しようと試みると、企業競争力向上に対する CSR の意味は、前述の 4 項目によって必ずしも語り尽くされないことがわかってくる。

6.1.4　将来のゲームのルール

　CSR への取り組みと事業戦略立案の一体化を考えるとき、CSR をどのように捉えるべきだろうか。

　企業の立場に身を置いて CSR を考えるとき、私は「ゲームのルール」という言葉を強く意識することにしている。企業の事業戦略、とりわけ長期の戦略を立案するにあたり、CSR のプロセスは将来の「ゲームのルール」を予測する上で最も有効で、今や不可欠な道具のひとつである。

　企業は「市場の要請」と「社会の要請」という、次々に襲いかかる 2 つの波を乗り越え、かき分けながら進む船にたとえることができる。いずれの波も企業に変革を余儀なくする。波の大きさを過小評価して変革を怠れば、企業の存立を危うくすることになる。

　「市場の要請」とは、市場で繰り広げられる競争を勝ち抜くために求められ

ることである。「社会の要請」とは、社会上の問題、環境上の懸念への対応を企業に求める動きのことを指す。

「市場の要請」は、例えば飽きっぽい消費者の嗜好の変化であり、ライバルメーカーの新商品である。秋葉原の家電量販店に行けば、この波の存在は一目瞭然だろう。市場からのシグナルに企業は敏感に反応しなくてはならない。もし競合他社の製品よりも少しでも高く、機能やデザインが劣っていれば、その製品は競争から脱落することになる。消費者は冷酷である。

企業はさまざまな新製品を市場に送り込み、市場はそのたびに新しいハードルを企業に設定する。研究開発、調達、販売方法などあらゆる領域で革新を続けていけなければすぐにハードルに足をひっかけてしまうだろう。

他方、「社会の要請」は一般的に「市場の要請」よりも波長が長い。むしろ「うねり」と言ってもよいかもしれない。大きなうねりの上にいることが時として自覚されないこともある。うねりの存在は秋葉原で市場調査をしても見えてこない。

CSRのプロセスはいわば将来の社会を見通そうとする作業に似ている。そういう意味でCSRへの取り組みは、市場調査や技術動向調査と同様の機能を有するものである。市場調査も技術動向調査も、あるいは競合企業のベンチマーク調査も、市場の変化を読み取ろうとする努力である。他方、ステークホルダーと対話し、要請を理解する過程は、社会の変化、社会と自社の関係の変化を読み取ろうとする努力と言える。10年後、社会はどのようなことに価値を見出し、何が貴重、もしくは希少とされているのだろうか。もし、そのようなことが今日わかっていれば、当然、企業戦略に組み込まれ、企業は優位に事業を展開できるだろう。

もちろん、誰も将来を見通す水晶玉は持っていない。だからといって将来の社会、社会の企業に対する要請を見越そうとする努力を怠るわけにはいかない。

たかだか10年前、家電製品は一旦使われなくなれば、ゴミとして棄てられて埋め立て地に送られるものと決まっていた。しかし今日、多くの家電製品はリサイクルされる。今はそれが当たり前である。若い世代にとっては古い冷蔵庫やエアコンが無造作に棄てられていた時代など想像できないかもしれない。野放図な時代が日本にもあったのだ。

企業の顧客名簿は最近まで「商品」だった。公式、非公式に売買された。担

当者が顧客名簿を入れたファイルをどこかで紛失したからといって社長が謝罪会見をし新聞で書き立てられるなどと誰も夢にも思っていなかった。しかし今日、それは日常的な光景である。

　セクシュアルハラスメントにしても同じである。そもそも日本に「セクハラ」などという概念は存在しなかった。しかるにそのような行為に関する規律も存在しないに等しかった。もちろん大半の人は良識ある行動をとっていたが、すべてではなかった。職場において当時許容されていた行為は、今では解雇事由にさえなりかねない。

　リサイクルや個人情報保護のように、つい最近までする必要のなかったことを今の企業はしなくてはいけない。職場での一定の言動のように、つい最近まで特段の注意の対象ではなかったことが、今や禁忌のリストに載っている。すべて「社会の要請」を会社がくぐりぬける過程で起きた変容である。

　市場のダイナミズムと別の社会的規範の変化が企業に作用する。こういった作用は企業のあらゆる事業、部署に及んでいる。「社会の要請」は「市場の要請」と同じく会社を強力に作用し会社を変容させきた。逆に言えば、そのような変容に成功した企業が今、存在しえているのである。対応に失敗した会社もあれば、変化を逆手にとって成長につなげた会社もある。企業が社会の先を読む必要があるのは、同じことが将来に向かって言えるからである。10年前と現在では、企業は劇的に異なる社会規範の下に置かれている。同様に、今から5年後の企業を規律する社会規範は、確実に今とはずいぶんちがったものになっているだろう。しかもそれは日々の事業の単純延長線上に見出せるものではない。大切なことは市場からは汲み取れないシグナルをつかまえることだ。燃費がよい自動車が売れるという事実は市場から明白であって、特段ステークホルダーの意見を聞くまでもない。今はまだ市場の需要・供給関数に織り込まれていない、将来の「ゲームのルール」を探るのである。

6.1.5　イノベーション
(1) イノベーションの捉え方

　将来のゲームのルールを読んだ上で先駆けてイノベーション（変革）を起こしていくとき、CSRと企業の事業戦略の最も深い融合が起こる。近年、CSRなどの社会論的な文脈において「イノベーション」という言葉が頻繁に使われる。

議論を整理するために確認しておこう。筆者は「イノベーション」という言葉をごく一般的な意味で使う。以下の議論はあくまで企業にとってのメリットついての考察であり、「イノベーション」の結果が社会にどのようなプラスをもたらすかはこの際関係のない問題として整理する。

したがって、あえて「イノベーション」を定義すれば、企業家の行う不断のイノベーションが経済を変動させるとの理論を構築したシュンペーターの古典的定義に戻る。イノベーションとは「あらゆる企業活動の変革」であり、以下の5つのカテゴリーに集約される。

① 「新しい製品やサービスの生産」
② 「新しい生産方法の導入」
③ 「新しい販路の開拓」
④ 「新しい供給源の開発」
⑤ 以上のイノベーションを生み出す「新しい組織の設計」

(2) イノベーションをもたらす2つの源泉

イノベーションは自然に起こるものではない。越えなければならない壁、克服しなければならない制約条件の存在が、イノベーションが起こるための前提である。挑戦すべき対象の存在が柔軟な創造性を掻き立てる。市場での競争に勝ち残るために企業は乗り越えるべきさまざまな壁を自らに課す。例えば、デジタルカメラの画素数をライバル製品よりも増やしながら価格は安くするといったように。この場合、越えなければならないハードルは極めて明瞭である。燃費を10％向上する、パソコンの重量を20％軽くする、といった壁を乗り越えれば、市場においてそれだけ有利な競争を展開できることも同時に明瞭である。このような市場から見て取れるハードルを越えるために起こるイノベーションを「市場発のイノベーション」と呼ぶことにする。

対置されるのは「社会発のイノベーション」である。市場と同様にステークホルダーは企業に何がしかの行動を求める。しかも、ステークホルダーの要求は多くの場合、経済合理性とは関係のない文脈でなされる。つまり、そのようなハードルを越えた暁に財務的な見返りがあるかどうかは、一般に明瞭ではない。さまざまなステークホルダーとのやりとりの中から一定のゲームのルールが輪郭をなしてきたとしても、そのような将来の新しいルールのもとで事業をするために克服しなければならない制約条件を組織として設定できるとは限ら

ないのはそのためである。

CSRは経営陣のビジョンと言われる。

経営陣のビジョンがなければ、社会的制約条件の克服を組織に課することは困難である。見返りの明瞭ではない取り組みに経営資源を投下することには組織的な抵抗が発生するからである。したがって、社会発のイノベーションは、ビジョンに基づくイノベーションと言い換えてもよい（図表6-1）。

例えば、経済評論家の勝間和代氏は少子化対策を企業の「リデザイン」と捉える視点を強調し、次のように語っている。

「（トヨタのカンバン方式など）、どうやったら製造業の生産性改善ができるかということについて、研究している人はたくさんいます。それに対して、働く女性の生産性改善とか、働く女性のいる職場での生産性改善などについてまじめに研究している企業はありません。[2]」

勝間氏の指摘する「研究」こそ、社会的要請に応えるためのイノベーションを起こす努力である。欧米の主要企業は長い時間をかけて取り組んできた。このようなイノベーションの遅れはグローバルな競争を戦っていかなければいけない日本企業にとって何を意味するのだろう。

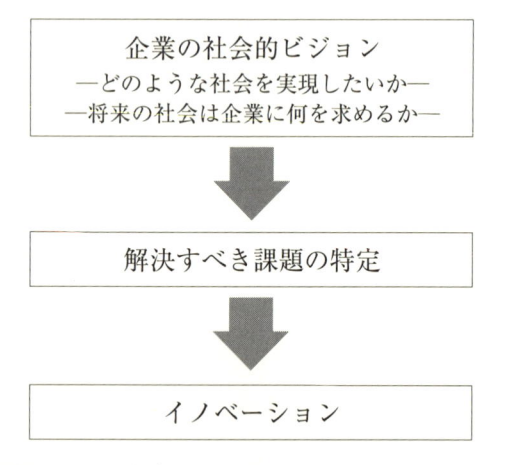

```
┌─────────────────────────┐
│    企業の社会的ビジョン    │
│ ―どのような社会を実現したいか― │
│ ―将来の社会は企業に何を求めるか―│
└─────────────────────────┘
              ↓
┌─────────────────────────┐
│    解決すべき課題の特定    │
└─────────────────────────┘
              ↓
┌─────────────────────────┐
│       イノベーション       │
└─────────────────────────┘
```

図表 6-1　ビジョンに基づくイノベーション

---

[2] 猪口邦子、勝間和代著『猪口さん、なぜ少子化が問題なのですか？』、2007年、ディスカヴァー・トゥエンティワン

CSR が企業競争力に本質的な意味をもつのは、公共政策課題に応えるためにイノベーションを起こすことができる場合である。

技術的または組織的制約を企業が自ら内部に設定し、その制約を克服する形で、イノベーションは起こる。例えば、製品をリサイクルするためには、製品設計から使用済み製品の物流までさまざまな制約を解決しなければならない。

イノベーションは新しい製品技術として結実することもある。また、新しい仕事の仕方や労務管理方法として結実することもある。このようなイノベーションの結果、企業は社会の要請という波を乗り越えて進むことが可能になる。

一連のプロセスを動かす上で、組織に「善意」があることは促進要因である。しかし、市場の圧力が明瞭ではないときに「善意」に依存した説明のみで、社内のさまざまな部署からのコミットメントを得、社内の人的、金銭的リソースを動員することは、容易ではない。

そこで必要となるものが明日の「ゲームのルール」を見通そうとする長期的思考である。適切なハードルを設定できるか否かが、企業の将来を決める。適切なハードルを組織に課することは経営陣の重要な任務である。こう認識することによって「CSR は経営上の重要課題である」という理解が生まれる。

6.2　社会発のイノベーションへのステップ

では、「将来のゲームのルール」を見通すことを可能にする CSR とは、これまで行ってきた CSR と何がちがうのであろうか。ステップごとに検討することにしよう。その過程を図表 6-2 に整理した。

CSR への取り組みは、図表 6-2 のサイクルの繰り返しである。このとき、上滑りした取り組みをすれば「CSR という名において、現状を肯定するだけに終わる危険性が常にある」ということに注意を払うべきである。現状を肯定するだけでは、将来のゲームのルールは見えてこない。当然、イノベーションを引き起こす力も生み出されない。かかる落とし穴を避けるためには、ステークホルダーの認知をはじめとするすべての段階において、旧来の枠の中に閉じこもっていないか、自問を続ける必要がある。

6.2.1　ステークホルダーを認知する能力

ステークホルダーは多様である。現在でも多くの企業はさまざまなステーク

```
┌─────────────────────┐
│  ステークホルダーの  │
↓      認知           │
┌─────────────┐       │
│ 対話と理解  │       │
└─────────────┘       │
      ↓               │
┌─────────────┐       │
│ステークホルダーの│    │
│ 要求の取捨選択 │    │
└─────────────┘       │
      ↓               │
┌─────────────┐       │
│ステークホルダーの│    │
│要請に応えるための│    │
│ ハードルの設定 │    │
└─────────────┘       │
      ↓               │
┌─────────────┐       │
│ハードルを乗り越える│   │
│ためのイノベーション│   │
└─────────────┘       │
      ↓               │
┌─────────────┐       │
│企業にとっての潜在的│   │
│メリットの顕在化  │────┘
└─────────────┘
```

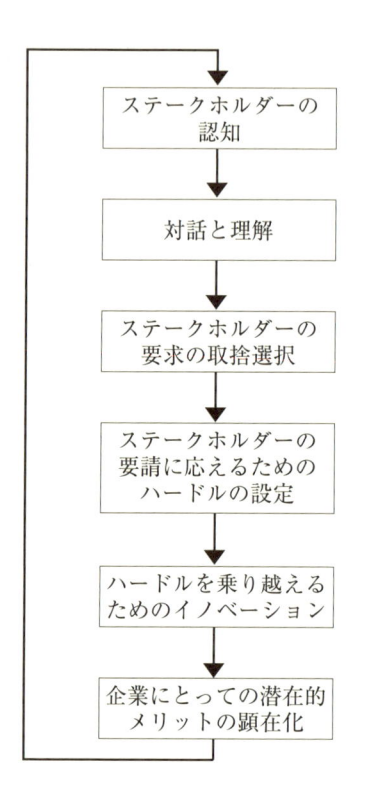

図表 6-2　将来の社会を見通すための CSR のステップ

ホルダーと接点を持っている。例えば、株主総会であり、労働組合との交渉であり、また、顧客からの苦情の受付である。しかし、将来の社会を見越し経営革新を行う上では、このような伝統的なステークホルダーとの接点だけで十分であるとは限らない。これは重要なポイントである。

　例えば、「ステークホルダーとしての消費者に対してどのような接点があるか」を聞くと、企業によってはお客様相談センターや消費者相談所といったような組織を通じたクレームの吸い上げを視野の外縁に置いてしまうことがある。顧客の声に耳を傾けることは経営上不可欠である。ただし、伝統的な接点から聞こえてくる顧客の「苦情」の範囲は限定されている。大半は顧客本人が被った不都合である。不具合が原因で怪我をしたという苦情、もしくは製品取り扱い説明書がわかりにくいといった苦情はそのような例である。第1章で紹介した「自分たちの安全はとても気にしているし、自分たちによいかどうかは

気にするけれども、よその国で何が起きているかは考えていない日本人像」との指摘を思い返してほしい。

「ある製品に使われている部品中の鉱石の採掘は採掘地の自然を破壊し社会を崩壊させている」といった「よその国で起きていること」に関する批判の場合は、多くのケースにおいて、申し立ての主は直接的な被害者ではない。したがって、そのような異議はある意味で「当事者性」を欠く。そのかわりに、多くの場合、環境保護や伝統的地域社会の維持といった公共政策的要請の形をとる。「理念」と表現してもよいかもしれない。理念こそ将来のゲームのルールの苗床である。そこを見落としてはいけない。

適切な苦情処理の必要性は、CSRが語られるはるか前から長らく言われてきた。「苦情処理」をCSRと結びつけても別に構わないが、そのことによって新しく付加される価値があるかは疑問である。むしろ、「理念」を持ち出して企業に抗議する人々を新しいステークホルダーとして認知することに意味がある。「理念」を持ち出すステークホルダーの典型はNGOであるが、彼らはお客様相談センターに問題を持ち込むわけではない。つまり、伝統的なチャネルは十分機能しないということである。

労働組合もステークホルダーとして伝統的な存在である。しかし、ステークホルダーとしての労働組合にはお客様相談センターと同様、カバーするステークホルダーの範囲に限界がある。

発展途上国におけるサプライヤーの労働条件の問題が、調達元である先進国企業の社会的責任として問われる。このような責任範囲の広がりが理解されている一方で、いざ日本国内となると多くの企業の視界は依然として正社員に限られてしまう。発展途上国のサプライヤーという、なんら資本関係のない別の会社で働く労働者の労働環境についての責任を自覚している企業が、一方で国内の自社の工場で働く外国人労働者や派遣労働者については、ほとんど関心を払わないというねじれた状況がみられる。ある日本を代表する大企業は、外国人労働者についての実態調査の受け入れを断った理由をこう述べた。

「自社の社員ではないので。」

当然のことながら、雇用形態のいかんや直接的雇用契約の有無にかかわらず、従業員はすべてステークホルダーである。まず、そのように認知することが出発点になる。労働組合はステークホルダーとしての従業員の一部しか代表していない。よってCSRにおいては労働組合との対話だけでは足りないので

ある。

　また、ステークホルダーとしての「地域社会」の概念もサプライチェーンに沿って拡大を続けている。企業にとっての「地域社会」とは工場や店舗の周辺地域だけではない。製品のサプライチェーンの各段階に「地域社会」が存在する。とりわけ、鉱物資源の採掘や生物資源の採取が行われる、サプライチェーンの源流の地域社会の問題が問われることが最近の顕著な傾向になっている。

　このようにステークホルダーの認知という比較的容易な印象を受ける事柄についても、実は企業の伝統的「常識」の範疇から踏み出すことが求められている。ステークホルダーの認知に企業差が生ずるのはこのためである。

　企業がCSRを語るにあたり、ステークホルダーとしての「お客さま」のクレームのフィードバック体制の充実に終始し、「従業員は大切な資産」と語りつつも、その対象が事実上、「正」社員の域を出ておらず、そして、大切な「地域社会」は自らの工場周辺の地域に限定されているとすれば、そのような「CSR」は過去から行ってきたことを追認しているにすぎないのではないか。社会の変化のダイナミズムを企業経営に取り込み、イノベーションにつなげていく積極性は、はたして見て取れるだろうか。

6.2.2　ステークホルダーの要求を理解する

　ステークホルダーを認識できたとする。次に必要なことはステークホルダーとの意思疎通を図り、ステークホルダーの主張を正しく理解することである。彼らの要求や期待を受け入れるか否かを判断する上でも、このことは不可欠である。また、彼らの要求を拒絶する場合に負う説明責任を果たすためにも、先方の主張を理解することが必要である。

　企業の社会的責任として問われる事柄は理念の姿をとることが多い。実際のところ、製品の部分的改善を求める要求と、生物多様性の保護のために工場建設予定地の変更を求める要求は、いくつかの理由で異質なものである。

　理念に基づく要求の場合、要求の受け手が提起された理念にどこまで共感するかは実に多くの要因に左右される。工場建設予定地の変更要求の例を使えば、もし生物多様性という理念に企業が共感しないとすれば、そもそもステークホルダーの意見を理解しようという意欲すらわかず、心理的な壁をつくってしまう可能性がある。

企業が理念に共感するかどうかを決する要因には次のようなものが含まれる。

① その理念の社会的認知度

例えば地球温暖化問題は、今日概ね「市民権」を得ている。したがって、地球温暖化問題対処のための要求は、少なくとも、その理念そのものが企業側に理解されないことは希だろう。ただし、生物多様性の問題となると事情は同じではない。この企業の対応の差は主に両問題に関する社会的認知度の差によってもたらされている。また、地域性もある。ある理念が浸透している地域とそうでない地域がある。動物にも一定の権利を認めるアニマルウェルフェア（動物福祉）はその好例であって、その理念はヨーロッパにおいて、アジアよりも、また北米よりもはるかに一般的に受け入れられている。

② 受け手である企業の担当者の個人的価値観

環境保護に価値を認めている人であれば、日本においてはまだ目新しい事柄である生物多様性保護の問題にも進んで耳を傾けようとするかもしれない。そもそも環境保護に懐疑の念が強い人であれば、そのような問題を提起してきたNGOを門前払いするかもしれない。

③ 全体の中止、変更を求めるものかどうか

工場建設予定地の変更のように、理念に基づく要求は大規模で全体的なものであることが多い。ある化学物質の使用を禁止する要求は、製品開発の根幹の変更につながる。人権問題にからみ、ある国での操業自体を中止するような要求もそのような例である。漸進的な改善を得意とする多くの日本企業は、一方で「そもそも論」への対処は必ずしも長けているわけではない。要求の規模の大きさに圧倒され、本能的に耳をふさいでしまう危険がある。

社会規範の変化についてはすでに述べた。過去10年の変遷を思い起こすことは、ステークホルダーとの対話の窓を閉ざさないためにも効果的な方法である。ここでもう一度振り返ってみよう。

地球温暖化議論が登場した当時、はたしてどれだけの企業人がこの議論が企業活動の根幹を揺るがすことになると考えただろうか。たかだか5年前、中国のサプライヤーへの労働監査という議論が出たとき、大半の企業人は真に受けなかった。今や多くの企業が取り組んでいる。このような変化の激しい社会で経営者は経営の舵取りを余儀なくされている。

別の言い方をすれば、CSRへの取り組みの意味は時間軸をもって評価する必要があるということである。そうであるならば、ステークホルダーは将来の社会の姿を占う水晶玉の代わりであるかもしれない。少なくとも、覗き込んでそこに映るものを理解しようとすることには意味があるだろう。

6.2.3　取捨選択

ステークホルダーからの要請のどれにどこまで応ずるのかは、さまざまな要素によって左右される。例えば、経営者の自己実現が何によって達成されるのかは人それぞれである。したがって、「取り上げるべきではない要求」というカテゴリーは存在しない。他方、経営上の観点からは、「取り上げるべき要求」、少なくとも「真剣に考慮すべき要求」というカテゴリーは存在すると筆者は考えている。「希少性」、「正当性」および「成長性」にかかわる要求である。

ステークホルダーの要求は多くの場合、企業になんらかの制限を課そうとするものである。制限を求める根拠は、主に「希少性」もしくは「正当性」に起因する。

希少性とは、企業が事業活動をする上で必要とする投入要素の一部にステークホルダーから見て「希少性」のあるものがあり、その保存、保護のため、その投入要素の使用を制限ないし停止すべきとの要求である。他方、「正当性」に基づく制限の要求とは、企業の特定の行為がある特定の価値観に反することを根拠として、当該行為の自制を求めるものである。

他方、「成長性」にかかわる要求はやや異質である。株主や従業員を除けば、ステークホルダーが企業のビジネスの「成長」を求めることは普通ない。しかし、ステークホルダーのさまざまな要求の中に、市場から伺えないような将来の需要の芽が見いだせるとすれば、それは「成長性」にかかわる要求である。したがって、ある要求が「成長」にかかわる要求として捉えられるか否かはすぐれて企業側の咀嚼と創造的思考に依存する。第1章で述べたフィランソロピーを営利事業に転換していくことは、成長性の例である。また、温暖化対策に関して、キャップ・アンド・トレード型の排出量取引制度がさまざまな新しい金融サービスやIT技術への需要をつくり出していることは広く知られている。

6.3 ステークホルダーの要求の戦略的価値

6.3.1 希少性：経営資源の囲い込み

　前著『グローバル CSR 調達』において、CSR 調達は一種の系列化としての側面があると述べた[3]。価格と品質と納期の 3 要件について最善の条件を示したサプライヤーから調達をするという開放型競争の調達から、一定の社会的、環境的価値観を共有できる特定のサプライヤーからの安定的調達への転換である。社会的系列化である。

　実際、経営戦略的視点から CSR を見ると、なにがしかの経営資源の利用可能性を絞ろうとするステークホルダーに対して、企業側が経営資源を確保するために講ずる手だてという側面が CSR にあることが見えてくる。

　例えば、中国において CSR 調達を実施することの意味は、時間を追うに従って拡大してきた。1990 年代後半、NGO の不買運動を回避することに始まり、SRI その他の CSR に関するランクづけで好意的な反応を得ることが意味に加わった。その次に労働条件の改善自体がもつ生産性向上や品質改善といった経営上の効果が認識されるに至った。そして、2006 年ごろから、良質な労働力の確保、さらにそれを通じた良質なサプライヤーの確保という、まさに経営資源の確保に関する効果が認識され始めている。

　また、パルプなどの一部の自然資源由来の製品についても、CSR 認証を受けた原材料を使うことは、NGO からの攻撃への受け身の対応として捉えられがちである。しかし、使用する企業側にとっては同時に安定的な供給先を確保するという目的も存在している。

　例えば、持続可能な漁業に関する規範をより実務的に展開させるための仕組みとして、MSC（Marine Stewardship Council: 海洋管理協議会）の漁業認証の制度がある。同制度ができた背景のひとつとして、過剰漁獲などによりタラの水揚げ量が激減したため、魚の冷凍食品を扱うオランダ大手食品会社のユニリーバが安定的な供給先を求めたことが挙げられている[4]。

　現在では、CSR 認証の対象となる原材料の供給に一部で限界が出始めている。顧客からそのような原材料の使用を求められている場合、調達可能性自体

---

[3] 藤井敏彦、海野みづえ編著『グローバル CSR 調達』、2006 年、日科技連出版社、p.215
[4] 藤井敏彦、海野みづえ編著『グローバル CSR 調達』、2006 年、日科技連出版社、p.73

が競争力に直結する。CSR認証策定時にアウトサイダーであった多くの日本企業は、当初からサプライヤーとともに認証スキームをつくり上げた欧米の競合企業に比べ、供給先として優先順位が低い。将来経営上の脅威となる可能性も否定できない。CSRを遂行する上では多くの場合、ビジネスパートナーとの連携が求められる。対象はサプライヤー、販売先、また、鉱物資源採掘、自然資源採取の地域社会などさまざまな場合がある。いずれにせよ、そのようなビジネスパートナーの存在は程度の差こそあれ、企業のビジネスを成り立たせる上で不可欠である。希少な経営資源をそのようなパートナーに依存している場合はとりわけそうである。

CSRに遅れるということは、必要となるパートナーをCSRに先行した他企業に囲い込まれる危険を抱えていることを意味する。「戦略的に必要な経営資源の先行的な確保」という視点はCSRと企業競争力の接点を考える上で欠かせないものである。

6.3.2　正当性：リスクを読む

すでに見たミャンマーにおけるトタル社の事例は、事業の正当性にかかわるCSRの典型例である。社会には一定の規範が存在する。そのような規範を越えてしまうと、その事業の正当性が問われることになる。しかも規範は変化する。途上国の労働者を地元の標準的な待遇で遇することはかつて正当なものであったが、現在では必ずしもそうではない。事業が社会的規範の中に収まっていることは、社会的な「事業免許」を得るための条件とも言える。

企業の事業活動が社会的規範と軋轢を起こす例は多数ある。例えば、中国におけるインターネット事業において当局の検閲を認めた企業は欧米で強い批判を招いた。また、中国では結社の自由が保障されていないが、中国においてこの問題にいかに対処するかは多くの企業の悩みの種となっている。いずれも地元の法令と先進国が有している正当性の規範とのずれが引き起こす問題である。

また、パーム油の使用も同様に最近注目された正当性に関する事例のひとつである。国内ではロハス（LOHAS）の流行で天然素材を用いた製品に企業も関心を寄せている。パーム油を使った石鹸やシャンプーは身体に優しいと謳われる。しかし一方で、パーム椰子の大規模プランテーションは大規模な熱帯林の伐採、農薬類の大量使用等によって深刻な環境破壊をもたらしていると批判されている。

批判は環境問題にとどまらない。産業革命時のイギリスの囲い込み運動よろしく、プランテーション開発は先住民の生存権を脅かしており、人権問題としても国際的批判の対象となっている。つまり、パーム油を使うことの正当性には大きな疑問が投げかけられているのである。「パーム油を使った『ナチュラル』な製品」として売り込むことは、NGOから国際的社会理念への正面からの挑戦と見なされかねない。企業のリスク管理としてははなはだ心許ないものである。実際、事業戦略の見直しを迫られる企業も出ている。このケースの皮肉は、ロハス的な健康、環境ブームの自己利益性、つまり消費者は自分の健康との関係で環境を見ていることと、国際的な環境問題の他利的公共性（＝正当性）の間の溝に企業が落ちてしまったということにある。

　同様に、サプライチェーンに潜在していた正当性の問題に直面したケースに、携帯電話に使われている希少金属であるタンタルの問題がある。原産国のひとつであるコンゴ民主共和国では、利益が武装勢力の資金源となっている上に児童労働による採掘も報告されている。そのため、国際世論の批判を受け、ブリティッシュ・テレコム、ノキア、ボーダフォンなどの電話会社と情報通信企業が中心となってGeSI（Global e-Sustainability Initiative）が2001年に結成され、タンタルの調達につきルールがつくられた。今日、タンタルは原産国明記が取引の条件となっており、コンゴ民主共和国産の鉱石は取引から排除されている[5]。携帯電話といえば広範な電気電子産業が関連するが、どの程度の企業人がそもそもタンタルに伴う批判について、いや、そもそもコンゴ民主共和国の政情について認識をしているだろう。

　一般の企業人が必ずしも認識していない規範の例はほかにもある。例えば、動植物の外来種が生態系を破壊しているという批判、固有の生態系の保全や種の純粋性の保全という規範は、時に意外な形で事業の正当性の問題となって突きつけられることがある。

　また、動物に一定の権利を認め、その保護を図ろうという「アニマルウェルフェア（動物福祉）」の動きがヨーロッパから世界的に広がっている。EUは2006年に「EUアニマルウェルフェア5カ年行動計画」を発表し、動物実験の減少やアニマルウェルフェアに関する品質表示、規格の開発などに取り組むとしている。食品、医療関連企業は言うに及ばず、将来広範な産業に影響を及ぼ

5　寺中誠他著『会社員のためのCSR入門』、2008年、第一法規、p.148

すだろう。

　このように、企業人にとって「常識」化している規範だけに会社は縛られているのではない。ステークホルダーに接してはじめて気づく規範的正当性の問題は確実に存在する。そして、ステークホルダーとの対話を通じて、絶えず変化する社会の規範に関する会社の知識を更新し続けていく必要がある。そうすることによって予防的対処が可能になるからだ。これは、鉱山開発やインターネット事業の展開といった事業そのものについても言えるし、同様に、研究開発、製造、調達、販売、広報といった機能についても言える。ステークホルダーからの正当性に関する働きかけは常に全社的に共有される必要がある。

6.3.3　成長性：ビジネスのタネを読む

　需要動向を捉えて顧客の望むものを提供することは、ビジネスの基本である。「この事業の基本にステークホルダーから得た情報が貢献することがあるだろうか」と企業が自らに問うことが新たなビジネスチャンスの発見に結びつく可能性がある。温暖化ガス排出量取引の実施に伴う新しい金融技術の登場、個人情報保護の要請に応えるためのITサービスなどは社会的要請が生み出した新事業である。リサイクルはヨーロッパではひとつの独立した産業となり、大企業が台頭している。

　社会的要請に端を発する新ビジネスは少なくない。ユニリーバのインドネシアやインドにおけるBOPビジネスのような、つまりグローバル企業の途上国での成功裏の事業展開もそのような例として捉えられるだろう。第5章で紹介したとおり、GEは「GEプライマリー・ヘルスケア・プログラム」という特定地域に合わせた製品を設計するプログラムについて、「事業チャンスと企業市民活動が自然に交わる」ものと捉えている。

　ただ、このような新領域での商機はCSR活動が与えてくれる成長へのヒントのすべてではない。劣らず重要なことは、CSRに関する情報が既存のビジネスに奥行きを与えることである。顧客の要求仕様を満たすこと、ライバル社の製品のベンチマークを越えることに日々目を奪われていると、大きなトレンドを見逃してしまうかもしれない。ミクロ的な努力の総和が最善の商品企画や事業戦略を生み出すとは限らないのである。

　あるメーカーのCSR担当者のコメントは非常に示唆的だった。

　「前職で商品企画を担当しているときにはCSRのことは何も知らなかった。

もし、CSRの知識、少なくとも背景だけでも当時知っていれば、よりよい商品企画ができたと思う。顧客の要求の背後にある社会的背景まで洞察できるかどうか。それは大きなちがいをもたらし得る。毎日顧客が求めてくるスペックをその理由もよくわからないまま追求することは精神的にも疲弊する。社会との接点をつかめれば、モチベーションも上がっただろう。」

ステークホルダーとの対話を新しいアイデアの源泉として捉えることができれば、日々の慌ただしい競争から少し距離をおいてビジネスの対象を観ることができる。顧客への提案を考えてみよう。顧客が置かれている社会的背景、場合によって顧客は希少性の問題や正当性の問題に直面しているかもしれない。また、顧客はより一般的な公共政策的課題に応えようとしているのかもしれない。今のビジネスを社会的文脈に乗せることができれば、新しい角度から説得力ある提案が可能になるかもしれない。

ステークホルダーとの接点は市場から直接見えない需要の社会的背景についての有力な情報源である。そこには新しいビジネスのタネが隠されているかもしれない。CSRは社会のために行うものである。ただ、その過程で得られた知識や情報を会社が自らの事業のために使うことを排除するものではない。

第3章では、社会と企業経営への重要度が高い事項を優先的にCSRとして取り組むという「マテリアリティ」の考え方を紹介した。ステークホルダーの関心を選別する基準としての「希少性」、「正当性」、「成長性」の3つの観点は、企業経営への影響の観点から「マテリアリティ」を判断する方法のひとつであるとも言えるだろう。

6.4　社会発のイノベーションの具体像

6.4.1　希少性、正当性、成長性のイノベーション

ステークホルダーとの対話から希少性、正当性、そして成長性に関する洞察を得たとき、企業はどのようなイノベーションに取り組むのだろうか。図表6-3のとおり3つの要素は相重なることも多い。重複は当該部分におけるイノベーションに取り組む価値がそれだけ大きいことを物語る。

(1) CSR調達

CSR調達は当初、途上国の労働者に公正な労働環境を提供するという正当

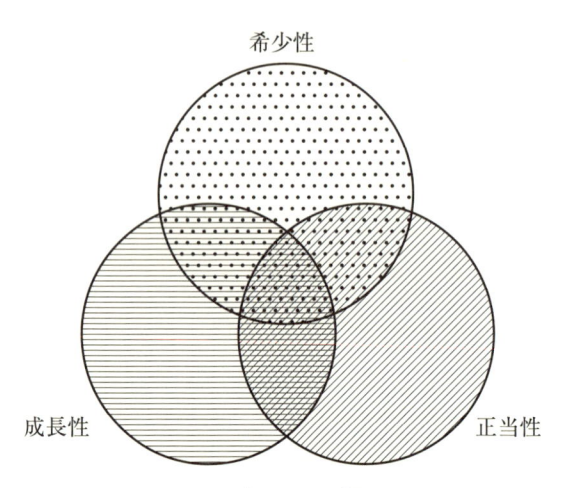

図表 6-3　ステークホルダーの要望のスクリーニング基準

性の確保の策として取り組みが始まった。サプライヤーに対して、CSR に関する行動規範を提示し遵守状況を監査する一連のプロセスのなかで、サプライヤーの CSR 意識を啓発しサプライチェーンに潜在するリスクを低減することを目的としている。

　ただ、次第にサプライヤー側の偽装などの問題点が明かになり、むしろ監査から労働基準の改善を通じた生産性向上策に力点が移っていく。つまり正当性と成長性の重なる部分に移動したことになる。さらに、当初は無限の労働力供給があると言われていた中国でさえ労働力不足が深刻化し、労働基準改善に離職率を下げるなど希少な労働力の確保という意味合いが加わった。CSR 調達が引き起こしたイノベーションは単に調達方針の策定にとどまらない。需要動向の変動への機敏な対応と工場労働者の公正な労働条件の確保という背反する要請を矛盾なく消化するため、サプライヤーとの間をネットワークで結ぶことや、仕様変更、頻度の調整などあらゆる工程での変革が進められている。

(2) 有限資源への対処

　ある資源の入手が将来困難になることが予想された場合、企業は対応方法についていくつかの選択肢を有する。ひとつは鉱物資源のようにリサイクル可能な資源の場合、リサイクルのシステムを取り入れることである。当該資源の使用を抑制する技術や他の物質で代替する技術を開発することも考えられるだろ

う。また、CSR調達基準を策定し、競合他社の参加を得て資源の採掘や採取を持続可能なものに調整していくことも選択肢となる。

あわせて、資源の採掘や採取を行う企業との連携によって擬似的な垂直統合を築くことによって安定的な供給を目指すこともある。いずれも将来を見越したイノベーションである。一部にはリサイクルを推し進め、リサイクル自体を独立した事業として確立する企業もある。このような場合は成長そのものを促進する要因となる。いずれも希少性の問題として出発するが、取り組みの深さにより正当性、成長性にもつながってくるのである。

第5章でユニリーバがタンザニアでヤシ油の代替品であるアランブラッキア・ナッツ油の供給・販売網の確立を進めていることを紹介した。すでに述べたとおりヤシからとれるパーム油は環境破壊の元凶と批判を受けている。アランブラッキア・ナッツ油は、パーム油の代替品となり得るものである。ユニリーバは、環境・社会上の正当性に疑義が呈せられているパーム油に代わる製品に着目し、農業協同組合の設立や農民のトレーニング、市場価格の保証などによって、供給体制のイノベーションを垂直的に実施している。これは正当性と希少性の問題への対処をひとつの目的とした、CSR調達を通じた先行的なビジネスパートナーの囲い込みと見ることができるだろう。

(3) 動物実験の抑制

正当性の問題のひとつに動物実験の例がある。動物実験に関する世論が厳しいヨーロッパの製薬メーカーは動物実験を最小にするためのコンピュータシミレーションの活用などの新技術の開発に取り組んでいる。これは薬の開発工程そのものの抜本的見直しを伴うものであり、その過程で開発工程の短縮化、費用削減の効果も期待されている。

このケースでは、動物実験批判への対応を出発点にして従来当然視されていた開発手順にメスを入れた結果、効率化が進み、それが競争力につながりつつある。出発点は異なるが、自動車メーカーはITの活用で試作車の製作回数を減らし、開発期間の短縮と費用削減を実現した。同じことが起こっているとも言える。正当性にかかる取り組みが成長を促す可能性を生んでいるのである。

(4) 生物多様性問題に潜む潜在的な戦略的価値

先を見通してみると、馴染みの薄い生物多様性の問題も、ビジネスにとって

希少性の問題に直結する可能性を有していることがわかる。1992年に締結された生物多様性条約のひとつの柱は、遺伝資源から得られる利益の分配である。この点において先進国と発展途上国の利益は相反している。

　発展途上国、とりわけ生物多様性の豊かな熱帯圏諸国は生物多様性を石油、鉱物資源などと同等の価値をもつ資源、すなわち遺伝資源と考え、それを対象とした開発、応用で得られる利益分配の権利を主張している。実際、WTOドーハ開発ラウンド交渉においてインドは声高にこのような主張をしている。将来、仮に遺伝子情報に所有権が付与されるなり、その使用に一定の制限が加えられば、ビジネスへの影響は広範に及ぶだろう。このような事態に対し将来を見越したイノベーションで戦略上の優位に立つ企業もあれば、逆の企業も出る。

　企業がCSRの問題として生物多様性を考えるとき、工場の植栽の問題としてしまうことは情報の戦略的価値の過小評価かもしれない。なお、政府が2008年6月に改訂した「経済成長戦略大綱」では以下のように記述されている。

生物多様性条約第9回締約国会議での決定や第三次生物多様性国家戦略（平成19年11月閣議決定）に基づき、民間企業等の参画の下で、生物多様性の保全と両立した持続可能な経済活動の発展を促進する。2010年開催予定の生物多様性条約第10回締約国会議に向けて、企業活動のガイドラインの作成等を行い、生物多様性の観点の企業活動への組み込みの定着を図る。

（出典）経済成長戦略大綱、2008年

6.4.2　ルールづくり

　先に取り上げたIn-Context Action（文脈を変化させる行動）は企業のCSRへの取り組みと制度的環境の関係を指摘し、制度的環境は可変要素であることを語る。CSRへの取り組みを企業競争力強化につなげていく上で、この点は従来必ずしも十分に考慮されてこなかった。制度的環境は、経営戦略的見地からさらなる議論が必要とされるテーマである。

　企業は社会制度のダイナミックな変化の可能性を常に視野に入れておかなければならない。ある企業による先行的な取り組み（例えば厳しい環境基準の導入等）は時間とともに他企業にも広まり、さらに法令化されればCSRとして

の先進性は失われる。当然、そのときには新しい要請が出現しているはずで、それに応じた新しいCSRへの取り組みがなされることになるだろう。

つまり、先進的取り組みは時間とともに一般化し、より厳しい要請が発生する。いち早くステークホルダーの要請に応えるべくイノベーションを敢行した、先行者の利益を確保することも戦略の一部として考える必要がある。

その重要な手立てのひとつが制度である。自らの取り組みを法令や規格などに反映させるようルールづくりに参加することを通じて、先行者利益をとることができるのである。

能動的に法規制や規格の設定を働きかけていくことも選択肢のひとつである。また、法規制や規格の設定を求めないものの、そのような提案があった場合には内容に自らの利益を反映するよう働きかけることも考えられる。

参加すべきルールづくりは国内のそれにとどまらない。むしろ、グローバルなルール環境を自らに好意的なものに仕立てていくことがより重要かもしれない。近年しばしば、日本企業も国際的ルールづくりに積極的に参加すべき、との意見が聞かれる。まったくそのとおりであるが、ルールづくりで主導権を握るためには、まず、何よりもルールのひな形となる先行した取り組みを提示できなければならない。さらに、その取り組みが他の参加者が反対しにくい理念を伴っていることも必要である。ルールづくりの主導権を握る上でCSRに関する取り組みは絶好の「武器」となる。一例を挙げれば、日本の電気電子企業は有害物質を部品から排除するグリーン調達で世界に先駆けた。この事実は、後にEUが電気電子製品中の有害物質の禁止についての規制を提案した際、日本企業が主導権を握り規制内容を自らに有利な形に誘導することを可能にしたのである。ほかにも次のようなルールづくりに向けた動きがある。

(1) EU主導の温暖化対策税国境調整

二酸化炭素排出削減でイニシアティブを握っているEUは「国境税調整」という新しいルールを提案している。「国境税調整」は、温暖化対策税に関するルールである。具体的には「輸出品に対して、製造工程において払った温暖化対策税を輸出時に還付する」、「温暖化対策税が課税されていない輸入品に対して、輸入段階でそれまでに使用したエネルギーの量に応じて、温暖化対策税を課税する」といった国境での税調整を行う提案である。

とりわけ、後者の輸入品への課税は、環境コストを負担しない輸入品に対す

る関税賦課という一種のエコダンピングの議論の延長線上にあるものである。

(2) アメリカ主導の労働基準の通商協定への組み込み

　CSR調達に先行したアメリカの主要な輸出企業は2国間の自由貿易協定において労働基準を満たしていない製品に対する関税引き上げを支持している。これは、自らのCSR調達を制度的に補完しようという試みであり興味深い。

　しかし、逆の立場に立てば、このような先行者主導のルール設定は後発企業にとって大きなリスクの発生を意味する。先に挙げた動物実験について、欧州企業が新技術を確立し、その技術を基礎とした規制ができれば後発企業にとっては競争上の壁として立ちはだかるだろう。また、CSR調達に遅れをとった企業にとって、サプライヤーの労働条件が一定の基準を満たさない製品に対する割増関税が制度化されれば、競争上の足かせとなる。振り返ると、GATTウルグアイ・ラウンド終結の後、1994年ごろから一時期さかんに通商制度と労働基準の関係について政府間で議論された。しかし、当時は、途上国の労働基準を通商制度に織り込むことについて、先進国の輸出型企業は一致して反対してきた。近年見られる一部の主要企業の姿勢の転換は、CSRと競争力の接点としての通商ルールに関する新しい見方を反映していると言えるのである。

　CSRへの取り組みを財務的価値に転換する上で、制度はひとつの使用可能な道具である。ステークホルダーの期待に応えるための取り組みは将来への投資である。しかるに、投資収益の回収方法もまた、社会的な動きのダイナミズムの中で考えていく必要があるのである。

6.5　CSRで組織力を高める

　CSRに取り組むプロセスで得られた情報をいかに事業上の価値に置き換えていくかについて見てきた。最後に組織全体の視点に立って考えてみよう。早稲田大学の平野雅章教授は企業の人的投資について「組織の能力が成果を左右する」との説を日本経済新聞で述べている[6]。その際、図表6-4のとおり企業の能力を「組織成員の資質×組織IQ」と定式化する。日本企業では、企業の能力を向上させるための標準的なやり方は「人に投資する」ことであるが、そ

6　2008年6月19日付『日本経済新聞』、「経済教室」

れだけでは限界があり、組織IQを高める必要があると説く。組織IQとは「環境変化を素早く深く知覚し、戦略を効率的、効果的にオペレーションにつなげて、正確なフィードバックを得られる」能力である。

先に、企業は「市場の要請」と「社会の要請」という、次々に襲いかかる2つの波をのりこえ、かき分けながら進む船にたとえることができる、と述べた。とすれば、組織の能力、そして組織IQは社会的な環境変化に対しても発揮されなければならない。「社会的環境変化を素早く深く知覚し、戦略を効率的、効果的にオペレーションにつなげて、正確なフィードバックを得られる」能力が問われるのである。社員一人ひとりの倫理観を涵養することは図表6-4の組織成員の資質の向上にあたる。しかし、それだけではCSRを事業に活かすことは難しい。CSR担当部署は「社会的環境変化」を知覚し、以下のように自らに問い、洞察しなければならない。

「会社の事業にとって、なんらかの隘路になるのではないか」
「事業の正当性を脅かすのではないか」
「新しい成長の機会となるのではないか」
「新しいルールをつくれば、ライバルに差をつけられるのではないか」

ここで、CSR担当部署が極めて創造的な「通訳」の機能を果たしていることに注目しよう。ステークホルダーが語る公共政策上の言葉、理念的概念を戦略的価値のある情報に転換し、他の部署が理解できるビジネスの言葉に迅速に

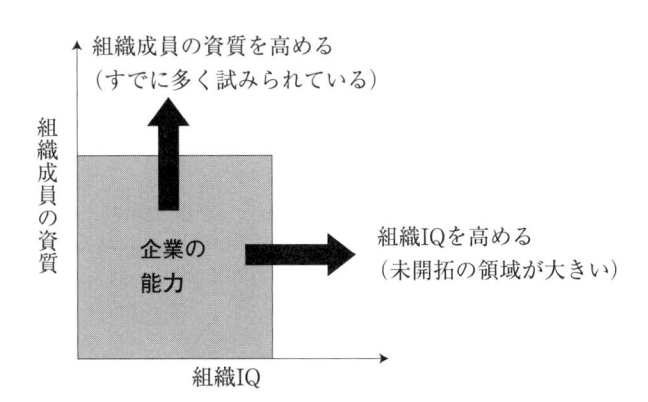

(出典) 平野雅章:「企業の人的投資『組織の能力』が成果を左右」
図1、2008年6月19日付、日本経済新聞

図表6-4 組織の能力

翻訳しなければいけない。そして情報と洞察を関連部署と共有し、「戦略を効率的、効果的にオペレーションにつなげ」なければならない。政府の「経済成長戦略大綱」では「知的経営資産」という言葉が使われる。「人材、組織力、技術力など財務諸表に現れない知的資産を価値創造の源泉である強みとして認識し、最大限に利用した経営（知的資産経営）の実践を促進する」。社会の先を読みイノベーションを起こしていける人材や、組織力、技術力などの「知的経営資産」を欠く企業は、早晩うねりに飲み込まれてしまうだろう。

　「低炭素社会は、単なるボランティア活動ではなく、企業に変革をもたらすパラダイム・シフトになってくる[7]」といったことがよく言われる。筆者も同感である。ただし、パラダイム・シフトをもたらすのは温暖化問題だけではない。企業に影響するさまざまなパラダイム・シフトが進行している。温暖化問題のように顕著なものもあれば、一見しただけではわからないものもある。環境問題だけではなくさまざまな社会問題もある。明日のパラダイムを見極め、事業戦略に取り込むこと、これが企業にとってCSRのもつ利己的意味なのである。

　「CSR調達が進まないのは善意が欠けるからか」との質問に、2時間の回答時間が与えられれば、筆者は以上のようなことを語るだろう。依然、身も蓋もないと思われるかもしれない。ただ、付記しておきたいことがある。企業のCSRの利己的「利用」は、その結果として発露する行動において、すべて社会的要請に適うものなのである。大義がそこにあり、理念もそこにある。なぜならば、たとえ企業の利益のための行動であっても、根底のところで、公共政策課題への共感と公共政策課題に応えようとする意志を前提とするからだ。社内で語るには憚れるけれども、誰もがもっている倫理観が前提となるのである。ただ、我々日本人は、理念を前面に押し立てて語ることに気恥ずかしさを感じる国民性であり、社内会議用に実務的な説明に置き換える小さな工夫が必要なのである。『ヨーロッパのCSRと日本のCSR』で筆者が3年前に競争力を語った際、重きを置いたことのひとつに従業員のモチベーションがある。社会発のイノベーションに取り組むことは、きっと従業員にとって善意にかなう喜びとなる。CSRが組織の力を強めるとの考えは今も変わらない。

---

[7]　「IBM環境シンポジウム2008」、日本IBM 橋本孝之氏講演。

第7章

日本のソフトパワーとしての CSR

　企業に対する社会的責任の追及は産業革命と同時に起こり、今に続いている。過去の歴史に何を学ぶのか、CSR は歴史観を企業に向かっている。また、日本企業が海外から目を逸らした「失われた10年」の間に世界の経済情勢と社会情勢は双方とも大きく変貌した。CSR を通じてこの変化を理解し、グローバル経営に必要な自らの世界観を確立しなければならない。しっかりした世界観に裏打ちされた CSR をアジアで展開することは、企業のみならず、日本にとっての「ソフトパワー」となるものである。

7.1 「光の中の影」と「光の外の影」
7.1.1 繊維産業の労働条件
　ジョージタウン大学のリボリ教授は著書『あなたのTシャツはどこから来たのか？』[1] において、綿織物産業がイギリスからアメリカ東部、そしてアメリカ南部、さらに日本、そして現代では中国へとその生産の中心地を移す過程を鮮明に描いているが、それぞれの繊維産業の中心での労働条件は次のようなものだった。
　── 19世紀のイギリス
　「労働者の多くは生活費を稼ぐよう、教会が働きに出した救貧院の孤児だっ

---

[1] ピエトラ・リボリ著『あなたのTシャツはどこから来たのか？』、2007年、東洋経済新報社

た。綿工場の仕事なら子供は5歳から経済的に自立できた。（中略）親のない子供、土地のない農民など多数の追いつめられた人々による安価な労働力が、蒸気機関に負けない力をもって工場システムの発展を後押しした。」

――20世紀初頭アメリカ南部

20世紀初頭、アメリカ南部の綿工場で働く女性の6割以上が13歳以下だった。「少女は早ければ7歳で工場に行き、週60時間以上働いた。栄養状態は悪く、狭いところに住まわされる。仕事場ではののしられ、時には暴力をふるわれたりした。」

――戦前の日本

「綿工場で働く女性は『かごの鳥』と呼ばれていた。1日12時間の重労働で休みは月2日しかなく、工場の寄宿舎にとらわれの身だったためだ。ほとんどの場合、女工は3年から5年、年季奉公とあまり変わらない条件で工場に縛りつけられた。狭い寄宿舎で布団ばかりか寝巻きも共有する。寄宿舎を囲む塀は上部に竹槍がついていて、有刺鉄線が張られていた。食事は不十分で衛生状態も悪く、病気が蔓延した。」

――21世紀の中国

「『搾取工場』について全米労働者委員会は中国の衣料品労働者について次のように報告している。『若い女性たちは週7日、1日12時間、時給12セントから18セントでの労働を強いられている。手当はなく、狭くて汚い宿舎に詰め込まれ、食事は薄い粥で、法的権利をすべて奪われ、常に監視され、脅かされている。年季奉公とほとんど変わらない。』」

現代の先進国企業は途上国のサプライヤーの労働条件についてNGOから指弾を受けている。もちろん、19世紀のイギリスでの労働条件と今日の中国のそれを同一視することは、織機作業の飛躍的な安全性の向上など、その間のさまざまな改善を無視することになり、適当ではない。しかし今日、NGOがグローバル企業に対して投げかける批判そのものは、19世紀のイギリス産業革命を担った起業家、20世紀初頭のアメリカ南部の工場経営者、また、戦前の日本の産業近代化の旗手に向けられた批判と大きく異なるものではない。

また、CSRは企業に歴史観も問うものでもあった。18世紀のイギリス労働者が味わった惨状はその後世界各地を転々とし、もちろん時代とともに緩和されてはいるが、しかしまだ消滅せず途上国に居座っている。「過去にもあったのだからしかたない」と考えるのか、それとも「同じ失敗を繰り返すべきでは

ない」と考えるのか。CSR は企業に後者の歴史観、失敗の歴史から学ぶことを求めている。しかし、日本では CSR はそのようなものとしては捉えられなかった。

7.1.2　グローバリゼーションの影と CSR

　社会の企業に対する公共的要請は企業の歴史とともに存在している。なぜならば、市場で勝ち残るため企業は常に「より安い労働力」を求めるからである。工場労働者の不当な待遇にとどまらない。環境破壊や地域社会の崩壊も同じ理由で引き起こされる。

　競争は、なすがままに放置されると、労働環境や自然環境などが最低水準へと向かう「底辺への競争（race to the bottom）」となりかねない。このような動きを押しとどめようとする動きが、ある意味の反作用として発生する。

　そして、イギリスにおいても、アメリカにおいても、また、日本においてもかかる問題は社会的課題となり、企業の対応と規制当局の努力の双方を通じて事態は改善してきた。

　中国においてもその傾向は見て取れる。CSR 調達は過去の資本家が犯した失敗を繰り返さないための取り組みであると見ることもできるだろう。

　いずれにせよ、グローバリゼーションの波の先端部分、そしてその内側では事業活動の光と影が綾をなしている。全体の基調は明るい。投資がなされ、働き先が生まれる。しかし、同時にさまざまな問題も発生する。若い労働者が「狭くて汚い宿舎に詰め込まれ、食事は薄い粥で、法的権利をすべて奪われ、常に監視され、脅かされている」といった問題である。「光のなかの影」。その影をできるだけ小さくすることが企業の社会的責任として問われている。

　他方、企業活動の「グローバリゼーション」が全世界を多い尽くしたわけではない。グローバリゼーションの波がまだ届かない国々。そのような国はそもそもまったく光がささず、まだ深い闇に包まれている。深刻な貧困の問題は主にそのような「光の外側に沈む闇」の中に存在している。

　理由は多様である。打ち続く内戦に疲弊しきった国もあれば、周囲を非友好的な国家に囲まれ物資の輸出入さえままならない内陸国もある。

　つまり、影には 2 種類ある。グローバリゼーションの内側の影と外側の影である。

　前者は明るい基調の中に隠れがちであり、だからこそ NGO は世界に注意を

喚起しようとする。後者は誰から見ても希望のない闇である。誰も有効な包括的解決策を見出していない。

　深い闇に光をもたらすひとつのものが、企業の新たな投資であり、経済活動である。BOP ビジネスはそのような光かもしれない。アジア諸国が受け入れた輸出志向型直接投資が多くのアジア諸国にもたらしたと同様の規模の資本蓄積と雇用の拡大が BOP ビジネスに伴う投資によってもたらされる可能性は高くないかもしれない。それでも最貧国の雇用拡大の望みを託せるものが他にあるわけではない。また、雇用への貢献にも増して、グローバルな大企業による効率的ビジネス手法が途上国市場に適用されることは、、貧困地域の物価を下げる実質所得の増大を通じた貧困の軽減に貢献する潜在力を有している。

　もっとも、我々は過去の経験に学ばなければいけない。サブサハラ・アフリカにおいて新たな事業活動をすることは素晴らしいことだが、だからといってアフリカの女性を「かごの鳥」のように扱うことは、当然であるが、許されない。事業に CSR の要素を組み込んで、最初からできる限り落とす影を短くするように事業を進めなければならない。CSR を念頭において投資をし、事業活動を行う必要があるのである。

7.2　「失われた 10 年」に起こった世界的変化

　バブルの崩壊をきっかけに 1991 年ごろから始まった「失われた 10 年」（平成不況期）は、日本経済史上最長の不況期となった。「失われた 10 年」は多くの企業にとって事業を選別して絞り込む縮小均衡の時代であった。多くの企業で海外事業は真っ先に整理対象となった。日本の産業にとって不幸であったことは、海外から目を逸らした 10 年の間に世界経済の地図が大きく変貌したことである。

7.2.1　「失われた 10 年」の前の世界経済地図

　バブルが崩壊する前、世界第 2 位の GNP と 1 億 2,000 万人を超える人口を擁する日本は、アメリカに次ぐ大市場であった。他の地域はというと、ヨーロッパは 1992 年の市場統合の前であり、中規模市場が分立しているにすぎなかった。イギリス、フランスの人口は 6,000 万人台であり、イタリアの人口は 6千万人にやや欠ける。1990 年に統一を果たしたドイツは 8,000 万人台の人口を

擁したが、市場として意味があるのは人口 6,000 万人台の旧西ドイツの地域だった。ドイツよりも東のヨーロッパはまだまだ閉ざされていた。多くの企業にとって、ヨーロッパは豊かではあるものの、黄昏の地であり、将来の潜在成長力を認める企業人は少なかった。

　アジアに目を向けてもさして状況は変わらない。東南アジア諸国は概ね生産基地であって、まだ市場としての魅力はさほどではなかった。筆者は、1989 年版通商白書を執筆し、韓国やシンガポールといったいわゆる NICS やアセアン諸国の国内消費市場が急拡大していると分析した。しかし、そのような見方は当時まだ斬新なものだった。中国も、東南アジア諸国を追いかけるように一部の沿岸都市が輸出指向型工業化に成功しつつあったが、中国の消費者が有力な顧客となるという見方はほとんどなかった。

　インドも経済開放に向けて舵を切っていたが、実態はまだ「ひきこもり」の状態に近かった。

　アジアでもありヨーロッパでもあるロシアはソ連邦崩壊後の混乱の只中にあった。

　ブラジルなど南米諸国は累積債務に押しつぶされそうになっており、債務の軽減が叫ばれていた。

　このような世界にあって、日本企業の努力はまず、世界第 2 位の国内市場を押さえ、そして次にアメリカ市場で成功することに注がれた。日本市場とアメリカ市場の双方で成功を収められれば、経営は磐石であった。

7.2.2　「失われた 10 年」の後の世界経済地図

　ヨーロッパは市場統合を進めた。1995 年には第 4 次拡大でオーストリア、フィンランド、スウェーデンの 3 国を加盟国に加えた。さらに、2004 年、2007 年の第 5 次、6 次の拡大では、チェコ、ポーランドなど東欧諸国を中心に 12 カ国を新たにメンバーに迎えた。かつてこれらの国と EU の国境では、通関検査のためにトラックが数日間も足止めされていた。EU 拡大によってそのような物流の障害は撤廃され、また、諸制度の調和も進み東欧諸国の経済は急速に EU に統合されていく。企業の投資が殺到し、東欧諸国は急速な経済成長を遂げつつある。EU はいまや 4.9 億人の市場である。

　「失われた 10 年」の前には市場としては存在しないに等しかったブラジル（Brazil）、ロシア（Russia）、インド（India）、中国（China）の新興大国は、

BRICsと呼ばれ、世界経済における比重を急速に高めている。人口では世界の42%を、GDPでも24%を占め、アメリカ（21%）、EU（20%）をすでに上回っている。

「失われた10年」から目覚めると、かつて世界第2位の市場だった日本市場はあまり成長が見込めない中規模市場となっていた。バブル崩壊の清算をなんとか済ませた多くの日本企業の目に映った世界の様相は一変していたのである。

近年、世界経済の変化はさらに加速している。NEXT11と呼ばれる、BRICsに次ぐ急成長が期待される新興経済発展国家群（イラン、インドネシア、エジプト、韓国、トルコ、ナイジェリア、パキスタン、バングラデシュ、フィリピン、ベトナム、メキシコ）も注目を浴びている。2008年の通商白書は「50億人」市場による新たな発展の展望を語っている。

7.2.3 ビジネスモデルの進化

BOPビジネスは、従来顧客とは考えられてこなかった貧困層の人々を対象とするビジネスが可能であることを示した。貧困層の人々の生活全般にわたる徹底的なリサーチに基礎をおいた、極めて精緻なビジネスモデルである。

世界的な市場の拡大は、主に政府の政策転換によって起こった。ヨーロッパの市場統合や中国やインドなどのアジア国家の閉鎖経済体制から解放経済体制への転換などである。しかし、同時に、ビジネスモデルの進化そのものも、世界地図の中の「市場地域」を拡大することに貢献したのである。「市場」は、政府の政策とビジネスモデルの革新の双方の力が相まって急速に拡大した。

この新しいビジネスモデルが途上国の貧困軽減に対してもつ意味は2つある。ひとつは、輸出主導に代わるモデルとしての意味、ひとつは政府を迂回した貧困軽減ルートとしての意味である。

アジアは輸出基地化することによって離陸を果たした。しかし、同様の道筋は、アジアの圧倒的な成功も一因となって、アフリカなどアジア以外の地域の多くの国々には閉ざされている感がある。もし、先進国企業の事業展開が物価の低下を通じて貧困層の人々の実質所得の増大と貧困の軽減に資するとすれば、それは輸出主導型に代わる新しい貧困軽減のメカニズムとなり得るかもしれない。

また、先進国企業による事業展開の恩恵は、政府を媒介せずに、顧客たる貧

困層の人々に直接届くことの意味も大きい。資源開発や公的債務削減という形の所得移転と比較すればわかりやすい。例えば、資源開発についていえば、資源開発は確かに経済成長をもたらす。しかし、その直接的利益は税収や採掘料の形でまず政府の金庫に収まる。最終的に貧困軽減につながるかどうかは、政府がその利益をどのように使うかに依存している。無駄な事業や選挙民の買収費用に浪費されたり、また、為政者の私的蓄財に流用されたりすれば、経済成長が貧困軽減につながるメカニズムは失われる。

しかし、BOPビジネスの貧困に対するインパクトはそのような「ガバナンス問題」を経由しない。希望が見出される理由のひとつである。

ビジネスモデルの進化は「市場」の概念を押し広げ、そして国際社会は、そこに新しい開発政策上の価値を見出そうとしている。しかし、残念ながら「市場ではなかった地域を市場に変える」ビジネスモデルの構築に成功した日本企業は例外的にしか存在しない。このことも、日本企業が新しい世界地図の下で有力なプレイヤーとなれていないのである。

7.2.4　新しい世界的課題の出現

新しい市場が生まれただけではない。「失われた10年」の間に国際社会共通の課題もまた新しい展開を見せた。2001年9月のアメリカ同時多発テロ事件は貧困問題が世界全体にとっての安全保障上の問題に直結することを示した。貧しい社会と豊かな社会が背中合わせに存在していること自体が豊かな社会を危険にさらす。両者の運命はつながっていること、開発問題が単に貧者への慈善の問題ではなく、解決すべき世界的構造問題であることを多くの人々に思い知らせたのである。ソニーの2002年社会環境報告書の冒頭、当時の出井社長は次のように語っている。

> 2001年9月11日にアメリカ合衆国で起きた同時多発テロ事件は、グローバル化した資本主義によってもたらされた経済的な格差をはじめ、環境問題、民族紛争など、今まで解決されずにきた様々な問題をあらためて浮き彫りにしました。ソニーは、ますます混迷を深める世界で、グローバル企業として各国で様々なビジネスを展開していますが、経営者として、短期的に事業を成功させるだけでなく、ソニーの企業活動を長期的に社会とどう調和させるかという視点を持ちながら経営を進めることを問われていると感じています。

当時、ブラッセルに駐在した私はこの巻頭言を読んでうれしく感じた。バブル崩壊の処理に追われる日本の産業は全体として「新しい世界的課題」を考える余裕などなかった。環境対策と社会貢献活動を別とすれば、法令違反事件への陳謝や遵法体制の強化くらいしか触れられていないのが当時の一般的な日本企業の「CSR」報告書であった。その中で、このようなグローバルな世界観を示している会社があることに強い印象を受けた。
　2002年に南アフリカのヨハネスブルグで合意された「持続可能な発展に関するヨハネスブルグ宣言」は次のように語っている。同時多発テロ事件を背景においてみれば、その含意がよく理解できるだろう。

> ―人間社会を富める者と貧しい者に分断する深い溝と、先進国と開発途上国との間で絶えず拡大する格差は、世界の繁栄、安全保障及び安定に対する大きな脅威となる。
> ―グローバリゼーションは、これらの課題に新しい側面を加えた。急速な市場の統合、資本の流動性及び世界中の投資の流れの著しい増加は、持続可能な発展を追及するための新たな課題と機会をもたらした。しかしながら、グローバリゼーションの利益とコストは不公平に分配され、これらの課題に対処するに当たり開発途上国が特別な困難に直面している。
> ―我々は、大企業も中小企業も含めた民間部門が、合法的な活動を追求するに際し、公正で持続可能な地域共同体と社会の発展に貢献する義務があることに同意する。

（出典）持続可能な発展に関するヨハネスブルグ宣言

　これは偶然の一致にすぎないが、1991年ごろから始まった日本経済の長期不況の時期に、国際社会は新しい課題を認識し、そしてまさにその時期にCSRというコンセプトが次第に形づくられていったのである。
　おそらく、今日CSRについて考えることのひとつの大きな意味は、国際社会が新しい価値や公共課題を認識するに至った思考過程、とりわけ「失った10年」の間になされたさまざまな考察を追体験することにあるかもしれない。

7.3　新興市場の成長の持続可能性

　今、我々が目にしている新興国の工業化は、綿織物工業がイギリスからアメリカ東部、そしてアメリカ南部、さらに日本へと拡大したプロセスと本質的な差異があるわけではない。工業化の波の先端部分では常にさまざまな歪みが発生する。とりわけ、現在の工業化の拡大は極めて急速かつ大規模であるため、その副作用も同様に大きなものとなる恐れがある。いくつかの点について考慮が必要である。

7.3.1　工業化とガバナンスの改善の速度の差

　新しく工業化の波を受け止めている国の多くでは、政府のガバナンスが必ずしも十分に機能していない。社会的な問題に対処するための規制の整備や執行が行き届いている国ばかりでもない。もちろん、多くの国でガバナンスは改善しているし、諸規制も整備が進んでいる。ただし、工業化の進展があまりにも急速であるために、ガバナンスの向上が現実の変化に追いつかないのである。例えば、すでに指摘したように公務員の待遇改善は社会全体が豊かになるペースに比べてゆっくりしており、これが贈賄問題を深刻にする。つまり、公共政策課題と政府の対応能力のギャップがなかなか縮まらない。むしろ、拡大している可能性さえある。言い換えれば、企業が社会的責任を問われる余地が大きいのである。

7.3.2　環境問題の深刻化

　新興市場での工業化の規模の大きさは当然のことながら同時に、環境問題もより深刻にする。これまで取り上げてきたアジアにおける環境ビジネスの事例が示すように、日本企業の対応も本格化しつつある。

7.3.3　成長の経済的ボトルネック

　また、成長のそのものの隘路を解消していくことも同時に政策的要請である。第3章で述べたとおり、そのような観点から、アジアにおいて投資環境整備、インフラ整備、サプライヤー支援が重要な課題として浮き上がっている。

　新興市場の成長は世界経済の新しい牽引車であるが、まだそれが持続可能な

成長なのかどうかは明らかではない。新興国のさまざま社会的、環境的制約が成長の天井となってしまうかもしれない。CSR はそのような事態を避けるための知恵でもある。

7.4　CSR と新しいグローバル経営

7.4.1　新しい「グローバル経営」

　新興国の成長という新しい潮流を受けて、失われた 10 年の清算を終えた多くの日本企業は急速に「グローバル経営」に舵を切りつつある。「グローバル経営」という言葉は昔から使われてきたが、今日の「グローバル経営」は次の点で新しい。

①日本市場では成長できないという危機感が伴っている。過去の「グローバル経営」論は日本市場がまず中心にあって、外国市場「も」開拓していくという発想が中心であった。現在は、日本と日本の外の市場は少なくとも同等の重要性をもって見られている。

②過去の「グローバル経営」の「グローバル」とは事実上「北米」、せいぜい「北米と欧州」と言い換えられたが、今はそうではない。

③電気電子産業が好例であるが、過去の「グローバル経営」は日本企業が他国のライバルを圧倒している状況で語られることが多かった。「余勢を駆った経営のグローバル化」とでも表現できるかもしれない。しかし、今や状況は変わった。分野によって日本企業は欧米企業のみならず韓国企業の後塵を拝している。時に劣勢の中でグローバルに競争しなければならない。

　日本国内での急速な少子高齢化、長期的な人口減少などを考えれば、経営の中に真の意味で「海外」を受け入れないと「日本企業」として成り立たないというパラドックスは誰の目にも明らかである。そして、グローバル市場を真の意味で事業に取り込むためには、企業自身が広い世界観（グローバル・ビジョン）をもたなければならない。

7.4.2　世界観をもつ

　振り返れば、世界観の確立という観点からは、「失われた 10 年」は悪いタイミングで起こったと言えるかもしれない。そもそも一般的に言って日本企業の

グローバリゼーションはビジョンをもって開始されたわけではない。貿易摩擦という政治要因によって製造拠点を消費地に移すことを強いられた結果としてのグローバリゼーションである側面が強い。ヨーロッパ企業もアメリカ企業も進出先社会について理解をした上で投資を行うが、多くの日本企業はそうではなかった。ようやく1990年代に入り日本企業の国際展開は貿易摩擦回避、円高回避の色彩を薄め、より戦略的な海外展開を進め始めた。しかし、まさにそのような時にバブルが崩壊し、多くの日本企業は一転して国内にひきこもる道をとらざるを得なかった。時くしくも巨大な新興市場が勃興しようとしていたときに。

7.4.3 新しい世界観を涵養するCSR

今再び日本企業は世界を考え始める必要がある。それは、世界の様相が変貌したからであり、グローバル経営のためには世界の新しい様相にあわせた新しい世界観が必要であるからである。

単に世界的な経済動向を理解すればよいということではない。世界各地の社会を理解し、国際社会が共有する価値観や懸念も理解し、自らの中に取り込まなければならない。CSRへの取り組みはそのような社会の理解に絶好のツールとなる。

すでに多くの日本企業は、自らの中に小さな地球を抱えるに至っている。多くの企業が米国でも、アジアでも、アフリカでも現地の社員を雇用している。そのような国の中には、感染病で苦しむ国もあれば、また、気候変動の脅威に直面している国もある。世界の社会に対する自らの見方を醸成していくためには世界中の従業員のことを考えることが最も近道かもしれない。

地域を丹念に見ていくと、多くの日本企業が進出先でさまざまな対応をとっている。しかし、往々にして現地法人の取り組みは、必ずしも日本本社の知るところとはなっていない。もしアジアやアフリカの現地法人の取り組みを本社が知れば、感染症や環境問題などのグローバルな公共政策課題が自分たちと縁のない、どこか別世界の課題ではないことを理解できるようになるだろう。

また、例えば、ヨーロッパ法人では少なからぬ数の従業員がアフリカの孤児を養子にしている事実を日本本社が知れば、自分たちの組織がさまざまな価値観の人間によって構成されていることが理解されるだろう。そうなれば、アフリカの開発問題に社として取り組むことが、ヨーロッパにおいては、少なくと

も日本にいて感じるよりもはるかに意義あることとして受け止められることもわかるかもしれない。

　そのような視点をもてば、日本で取り組んでいるCSRをアジアに「移植」するとの発想が多くの場合、よい結果をもたらさないこともわかるだろう。アジアでは日本企業のCSRが時に「独善的」との批判の対象にさえなることさえある。よく持ち出されるのが、日本企業の植林事業である。もちろん、植林事業自体なんら非難されるべきものではない。しかし、日本企業の多くはあまりに地球温暖化対策に目を奪われており、地元の切実な要望に目が向かわないことがある。ステークホルダーの声に耳を傾ける「受動性」の欠如である。感染症で多くの犠牲者が出ている横で木を植えてCSRだと胸を張る日本企業、というのは明らかに誇張されているが、そのような話を聞くことは残念ながら少なくない。その国の自社の社員が何を望んでいるのかを考えれば、植林の優先順位は下がるのかもしれない。

　世界中で生活している従業員のことを考え、それぞれの社会の視線まで降りていき、ものを見てみる。その上で国際機関のさまざまなイニシアティブや欧米企業のCSRへの取り組み事例に目をやれば、次第に企業としてのグローバルなビジョンが形づくられていくだろう。

　世界経済と世界の社会はこれからも変化し続ける。もしかすると、次の新興大国はアフリカの国かもしれない。しっかりとしたビジョンをもっていれば、長期的な事業展開を考える上でよいガイダンスとなってくれる。

　そして、自らのビジョンをもって「社会発のイノベーション」を起こしていければ、企業の長期的成長とよりよい世界の実現に資するだろう。

7.5　なぜ「アジア」のCSRを考える必要があるのか

　アジアと日本の経済的結びつきの強さについては、第3章でとりあげた。アジアのCSRを考える必要性は一義的にそのような経済実態によって説明される。しかし、同時に日本が今後アジアとどのような関係を切り結ぶべきか、日本の国家としてのアジアとの関係構築、という視点もあながち無意味ではないかもしれない。最後にアジアのCSRを日本のアジアにおける役割を通して考え、締めくくりとしたい。

7.5.1　今形づくられつつあるアジアの歴史

アジアについての膨大な論評の中で、筆者が特別に強い共感を寄せているものがある。フィナンシャル・タイムズ紙のアジア担当コラムニストであったガイ・ド・ジョンキュールが 39 年の記者生活を終えるにあたり、2007 年 3 月に記したコラムである。

「現在つくられつつある歴史についてのリングサイドからの見解[2]」と題された同氏のコラムからいくつかの部分を抜粋したい。

—アジアにおいては経済が外交を支配する。不信と長年の敵意で分裂しているアジアにおいて、相互依存は貿易と投資によって、とりわけ国境を越えた生産ネットワークによって形作られ、安定の最も強力な支えとなっている。

—アジア諸国は異なる政治的立場をとっているが、そのちがいによって輸出主導の成長を追求するという共通の目的が損なわれるような事態は避けるだろう。経済の論理が引き続き支配的地位を占め、ノーマン・エンジェルの 1913 年の予言、すなわち、ヨーロッパ諸国はお互いに経済的に緊密につながっており、もはや戦争をすることはない、との予言がたどったと同じ運命（翌 1914 年に第一次世界大戦が勃発）をたどらないよう願うしかない。

—中国の『ソフトパワー』は過大評価されている。北京が世界中で行っている外交的働きかけは何よりも経済的必要性、とりわけエネルギーと原料の供給の確保を求める必要性、によって推進されている。

—真に影響力あるソフトパワーとは本質的に訴求力がある国家的理想、原則、価値に基づくものである。ブッシュ政権はアメリカのこのような資産を理不尽なまでに浪費してしまった。それでも、もし選択肢を与えられれば、大半のアジア人は、現代中国の厳しい抑圧、物質主義及び精神的貧困よりもアメリカンドリームを選ぶだろう。

—ヨーロッパは、奢侈品の生産者であり市場であるという他には、アジアに

---

[2] *Financial Times Asia*, March 28, 2007, "A ringside view of history in the making"

とって無関係な存在である。ヨーロッパがアジアの将来の発展モデルになると考えているヨーロッパ人は勘違いをしている。アジアが受け入れる唯一のヨーロッパの「モデル」は、キャットウォーク（ファッション・ショーのステージ）の上にいる。

日本は他のアジア諸国とともにアジアの歴史を紡ぎ出している。日本、そして日本の企業は、その存在によってアジアの歴史にどのような付加的な価値を加えていくことができるのだろうか。

7.5.2　日本のソフトパワーとしてのCSR

図表7-1のアジアの地図を見てみよう。もし、中国とインドを地図から頭の中で消し去れば、日本がいかにアジアで大きな地位を占めているかはそれだけで明らかである。東に位置する韓国から南東にあるインドネシア半島諸国、また、南に位置する島嶼国のいずれと比べてもそうである。絶対的経済規模のみならず、その擁する競争力ある企業群や国土面積や人口規模も加味すれば、なおさら日本の存在は際立つ。

他方、中国とインドを元の場所に戻して、そして改めて地図を見たとき、日本の相対的な位置づけはずいぶんちがって感じられるかもしれない。

もちろん、筆者は中国脅威論に与しようとしているのではない、有力かつ避けることのできない隣人である中国とは建設的関係を築くべきだと信じている。豊かな隣国をもつことは経済的に幸運なことでもある。

同時に、日本はこれまで成し遂げてきたことを土台にして、アジア全体に対して、中国やインドにはできない貢献をなすことができると筆者は考えている。そのような貢献は、日本という国家が引き続きアジアの未来に欠かすことのできない存在であることを結果として保証するだろう。

(1) アジアの安定を支える日本企業の生産ネットワーク

日本は今後も革新的な製品をつくり出していかなければいけないし、つくり出し続けるだろう。日本は依然としてアジアにおいて唯一、誰もつくったことのない製品をつくり出す能力を有する国家である。我々はこの地位を他国に譲ってはいけない。しかし他方で、いかに革新的な製品であったとしても、開発や部品調達、生産といった一連の活動のすべてが日本の中で完結することは通

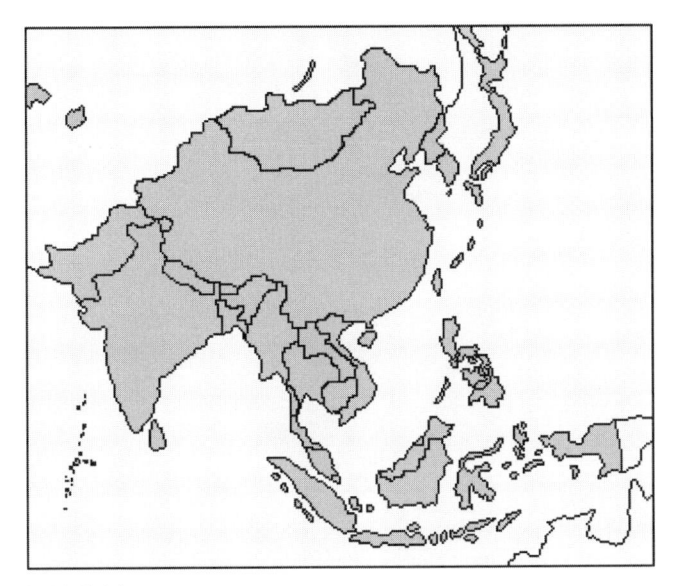

(出典)外務省 HP

図表 7-1　アジアの地図

常ない。図表 7-2 にあるとおり、アジアの国・地域のアジア域内に対する直接投資の主体として日本の地位は他を圧倒している。このような日本の直接投資は、図表 7-3、7-4 に示されるように、アジアの国・地域間で部品などの中間財を相互に輸出入し合う、相互依存型の貿易関係の緊密化をもたらしている。日本は今後ともアジア大の開発・生産ネットワークを充実させていくことになるだろう。ガイ・ド・ジョンキエールが指摘するとおり、そのようなネットワークこそが政治状況や価値観の異なるアジア諸国を束ね、安定化させる大きな要因となっているのである。

　ヨーロッパはある意味で「理念を共にする国のクラブ」である。理念共通化の最大の仕掛けが EU（欧州連合）である。すでにクラブに加盟している会員が同じ価値観を有していると判断した国家のみに新規加盟を許す。

　ただし、ヨーロッパが有している価値観共通化のための仕組みは 27 カ国で構成される EU に限られてはいない。スイス、ロシア、トルコ等 EU 非加盟国を含む全 46 カ国をメンバーとして擁している欧州評議会（Council of Europe：CE）もそのひとつである。欧州評議会は、法の支配の原則を受け入れ、基本的人権と自由を市民に保障するすべてのヨーロッパ諸国に開かれている。欧

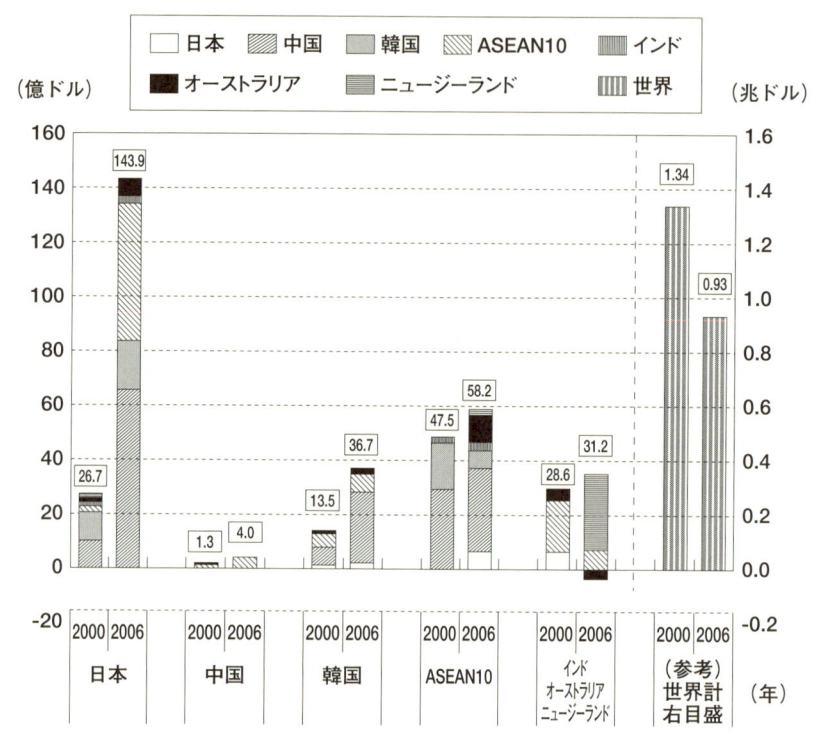

(備考) 1. 世界計、日本、韓国、オーストラリア、ニュージーランドは国際収支ベース、中国は許可額ベースの数値。ASEAN10、インドの対外直接投資額については、データの制約から相手国の対内直接投資額から逆算した。（データの制約上、韓国、インドから ASEAN への対内直接投資については、ブルネイ、ラオス、カンボジア、ミャンマー、ベトナムへの ASEAN からインドへの対内直接投資については、シンガポール、ブルネイ、ラオス、カンボジアからの値が含まれていない。）
2. 2000 年のオーストラリア、ニュージーランド、2005 年のニュージーランドの数値は年度ベース。
(資料) 財団法人国際貿易投資研究所「世界主要国の直接投資統計集 2007 年版」、IMF「BOP」から作成。
(出典) 2007 年版通商白書

図表 7-2　東アジア各国・地域からの域内向け対外直接投資（フロー）の推移

　州評議会は 1950 年に欧州人権条約を締結したが、同条約に基づく欧州人権裁判所は、世界で最も効果的に機能している国際裁判所のひとつと評価されている。加盟国にいる個人は、市民であろうと、難民であろうと、何人でも加盟国家を欧州人権裁判に訴えることが可能である。判決は被告たる国家を拘束す

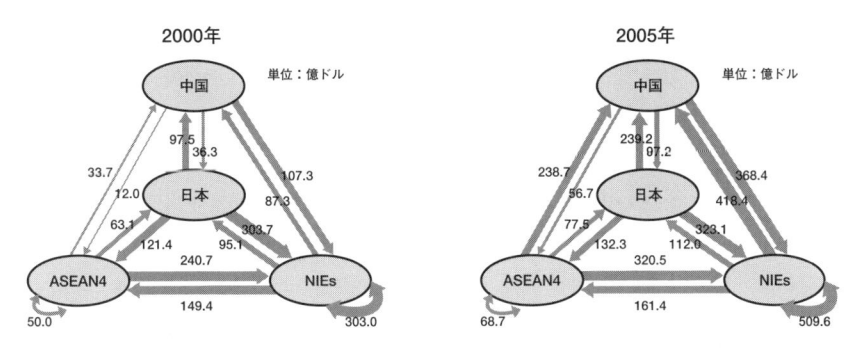

(資料) 独立行政法人経済産業研究所「RIETI-TID2006」から作成。
(出典) 2007年版通商白書

図表 7-3　東アジア域内における中間財貿易額の変化（電気機械）

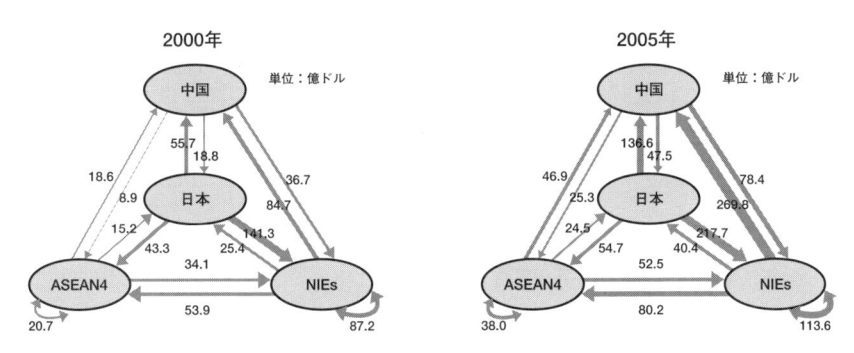

(資料) 独立行政法人経済産業研究所「RIETI-TID2006」から作成。
(出典) 2007年版通商白書

図表 7-4　東アジア域内における中間財貿易額の変化（化学製品）

る。このような実効性ある制度と判例を通じて欧州における人権の概念は収斂してきた。

　他方、アジアには、ヨーロッパが有しているような理念を共通化する制度的仕組みは存在しない。多様な価値観と多様な発展段階の社会が混在している。そのような多様性を日本企業の汎アジアのビジネス・ネットワークが結びつけている。

　つまり、日本企業のアジア大の生産ネットワークは経済的意味のみならず政治的意味も帯びている。我々はこの資産の価値についてより深く考えてしかるべきだろう。

(2) 求められる日本の「ソフトパワー」

　日本はこれまで「製品」をして自らを語らしめてきた。「環境保護」がヨーロッパであり、「平等に開かれた社会」がアメリカであるとき、日本は「ソニー」や「ホンダ」であった。当方の意図は別として、少なくとも世界は日本と聞いて企業名以外に特段のものは思い浮かばない。

　アジア主要国間の「影響力」をめぐる競争という観点のみならず、アジアの将来構築に貢献するためにも、日本はアジアに語るべき言葉、つまり「ソフトパワー」をもつ必要がある。ソフトパワーとは、国家が軍事力などの強制力によらず、その国の有する文化や政治的価値観、政策の魅力などに対する支持や理解、共感を得ることにより、国際社会からの信頼や、発言力を獲得し得る力のことである。それはたまたま我々の巨大な隣人が必ずしも十分有していないものでもある。

　残念ながら、アジアにおける歴史的背景は、日本の政治的発言の訴求力を限定してしまう。そこで生産ネットワークに目を向ける必要が出てくる。日本の産業界が構築してきたネットワークは、我々がアジアにメッセージを届ける恰好の媒体となり得る。

(3) self-interest に根ざした CSR の力

　将来、アジアという地域で人権などの公共的価値観が共有される可能性やその程度をどう見るべきだろう。難しい問いである。企業のみならず、政府やNGOなどさまざまな主体の行動が影響を及ぼすだろう。ここでは、もし仮にアジアにおける公共的価値観の収斂が起こるとすれば、何が推進力となり得るのか、という点に絞って欧州の人権に関する事例を見ながら考えてみたい。

　企業は利益を競合他社に譲ることになるような行動をとることに消極的である。同様に、国家は主権、つまり政策立案と遂行の裁量を他国や国際機関に一部でも譲ることには本質的に消極的である。

　しかるに、各国の市民が直接訴えを提起することができ、かつ判決に国家が従う義務を負っている欧州人権裁判所のような国際司法取り決め、つまり主権の国際機関への一部譲渡が、なぜ可能になったのであろうか。

　欧州各国が人権に関する主権の一部を欧州人権裁判所に譲った理由に関するひとつの有力な研究（Andrew Moravcsik, 2000, "The Origins of Human Rights Regimes": *Democratic Delegation in Postwar Europe*）は、そのような地

域的取り組みが成立する過程において、中心的な推進力となったのは、人権という概念の規範的な訴求力や民主的大国による影響力の行使ではなく、各国政府の self-interest（自己利益）に基づく「計算」であったことを明らかにしている。

欧州人権条約の交渉過程において拘束力ある欧州人権裁判所の設立を支持したのは、当時生まれたばかりで脆弱な若い民主主義国であった。そのような国の政府は、将来の政権交代によって民主主義に敵対的な政権が再び登場し政策が非民主主義的方向に逆戻りしてしまう不確実性に備え、つまり、後継政府の手を縛る手段として、拘束的な国際司法機関を推進した、と先の研究は論じている。

他方、民主主義が深く根をおろしている国の政府にとって、非民主主義的勢力が政権を握るかもしれない、といった将来の不確実性を考慮する必要性はほとんどない。そのような国にとって、将来の後継政府の政策を縛るという超国家的司法組織の効果に価値はないのである。少なくとも、主権を一部放棄することに見合うだけのメリットはない。

実際、一般的な「常識」に反して、欧州人権裁判所に拘束力をもたせることに反対する勢力を形成したのは、確立された民主主義の伝統を有する国々である。最も強硬に反対した国のひとつは、当時欧州で最も有力な民主主義国家であったイギリスであった。イギリスは、当時から最も NGO セクターが発展した国でもあり、市民社会は自国政府に対して拘束的司法機関を支持するよう働きかけたが、そのような要請は無視された。

このような経緯を、アジアにも適用可能な形で、もしなにがしか一般化するなら、理念の地域的広がりは、理念そのものの力と理念の実現を担う主体の self-interest（自己利益）の複雑な絡み合いによって進むということかもしれない。

さらに、ヨーロッパにおいて欧州人権裁判所という執行力を伴う強いメカニズムが生まれた一方、国連における成果はおおむね宣言的な文章の域にとどまっている。その差を生んだのは明確な自己利益の追求の存否だったのかもしれない。つまり、企業が、CSR の理念への共感に加え、CSR の推進に利己的動機を見出すことは、CSR が飾り物に堕する危険を低減させるのではないだろうか。

このような利己的動機のもつ「推進力」の強さについての考えは、筆者が第6章において企業の「社内説明用」の CSR を論じよう思い立った理由のひと

つでもある。

(4) 日本のソフトパワーとしてのCSR

　アジアのビジネス・ネットワークを通じて、日本企業が多様な公共政策課題を理解し、それぞれの社会の問題の解決に貢献することができれば、多様な社会からこぞって共感を寄せられるだろう。

　そして、そのような取り組みが企業の「温情」ではなく合理的計算によって導き出されたものであればなおさらのこと、そのような取り組みの総体として日本のソフトパワーが形成されてくるのではないだろうか。

　「利己的な計算式」を成立させる要素はさまざまだろう。ただ、民主主義の基盤が脆弱な国の若い政府は、将来自国に再び自由を否定する政権が登場するかもしれない、という「将来の見通し」に照らして現在の行動の合理性を「計算」したことに思いをいたすべきである。

　第6章で私はある質問に次のように答えたと述べた。「大きな会社が善意で動くとは思っていない。外向けの体裁は別にすれば、欧米の企業がCSR調達に取り組む最大の誘因はリスク管理である。リスクを避けるために不可避であるからこそ、大きな会社が動くのだ。リスクとは本質的に将来に関することである。よってCSR調達への取り組みを促す上で鍵となるのは将来を読む能力である」。究極的問いは、将来の社会は「変わらない」と考えるか、否か、である。

　人権のために主権を一部譲渡するか否かを考えた欧州各国の政府と同様、日本企業も短期的利益を一部譲ってもCSRを実行するか否かを考えることを迫られている。しかるに、回答を出すための「利己的計算」はしっかりした歴史観と将来の社会を考えようとする意志があってはじめて可能になる。その中からビジネスに関連する「希少性」、「正当性」、「成長性」も見えてくるだろう。

　アジアの社会、世界の社会が今後どのように変化していくのか、それは誰にもわからない。ただ、誰もが考えなければいけないし、考えることは意味がある。考え、そして考えを実行することによって将来は変化するからである。「歴史観」とは、過去に照らし、将来とは「宿命」ではなく、現在の行動が「引き起こす」ものであることを理解することでもある。

　「国籍のないグローバル企業」などおそらく幻想である。企業は好むと好まざるにかかわらず経営幹部が育った文化的背景から自由にはならない。同じ

ことがアジアの地元の人から見ても言える。いかにグローバルに展開していようが、日本の企業はあくまで日本の企業として受け止められる。日本企業のCSRは日本の価値観の表明なのである。

したがって、アジアの将来を引き起こしていく「企業の公共政策」としてのCSRの実践、それは日本の「ソフトパワー」にほかならない。

アジアの社会の将来に目を凝らすことは日本企業にとって不可欠なことである。そして、企業のそのような行動は、アジアの人々にとって、そして日本という国家にとっても必要なことである。

なぜならば、「精神的貧困」や「物質主義」といった言葉は誰によっても日本国とその企業群を形容するために用いられるべき語彙ではない。なによりも、日本と日本の企業は、アジアの持続的成長と政治的安定の双方に貢献することができるからである。

日本の産業のビジネス・ネットワークはアジアの社会をつなぎ、経済成長をもたらしている。そして、事業に統合されたCSRは、そのビジネス・ネットワークを通じてアジアの社会・環境問題を解決し、成長を持続可能なものとするのである。

あとがき

　私がアジアの国々を訪れるようになってから、はや10年以上の月日が経つ。特に、当時訪れたカンボジアでの経験は、私にとっての大きなターニングポイントだった。穴だらけで、雨が降れば一面水浸しとなる道路。あちこちで見かける内戦の爪跡。そして目のあたりにする貧困の現実。途上国の現実に直面し、驚きを隠せないでいた私にとって、ある農村に暮らす女性から聞いた次の言葉は今も忘れることができない。
　「朝、起きたら、子どもがいなくなっていました―今もどこにいるのかわかりません。」
　これは児童買春に絡む人身売買の被害を受けた家族の言葉であった。平和な日本でそれまで穏やかに暮らしていた自分にとって、あまりに異なる社会環境がこの世界には存在しているというその事実は、大きな衝撃だった。と同時に、こうした現実に対し、自分に何ができるのだろうか、と自問自答が始まった瞬間でもあった。
　あれから10数年、アジア各国は一層の経済成長を遂げ、極度の貧困にある人々の数は劇的に減少した。そこには日本など外資企業による投資を基盤に生みだされた産業が、雇用を創出し、多くの人々の貧困からの脱却に貢献したことは確かである。しかし、その一方で、成長の代償に顕在化した問題も少なくない。本文中で指摘したように、未だ課題は山積みである。
　さて、本書を執筆するにあたって私は、ひとつの問題意識をもって臨むこととした。それは、日本企業のアジアにおける社会的責任とはなんだろうか、ということである。日本企業がアジアの成長に貢献した役割を考えれば、それは「産業を育て、雇用を生む」ということになるのかもしれない。では、その一方で、アジアで顕在化するさまざまな社会的課題に対しては、どのように考えるべきなのだろうか、と。
　私はそのヒントを見つけるべく、アジア各国のCSRを概観することから、筆を進めた。しかし、いきなり難題にぶちあたる。それは、アジアの国々はあまりに多様性に富んでいるということであった。それは、CSRにおいても同

様である。中国のCSR、インドのCSR、タイのCSR、それぞれ異なる特徴を有している。それは政治体制や国家の規模、宗教、文化、経済の成熟度などさまざまな要素によって左右される。

　その一方で、アジア、特に貧困問題などの社会的課題を抱える国々においては、目指す方向性に共通性を見出すこともできた。それが、「持続可能な成長」の視点である。発展の途上にある国家にとって、経済成長が至上命題であることはいうまでもないが、アジアにおけるCSRは単に個々の企業の戦略という範疇を超え、その国や地域の「持続可能な」成長に貢献していくことに意味があるということである。

　これこそが実は、日本企業がアジアにおいてCSRを展開するにおいて意識すべき視点である。たとえば、事業展開する地域においては環境問題を起こさない、優秀な人材が育つよう教育支援を行う、従業員の家族が健康な生活を送れるよう医療相談を行う、など、アジアで事業を行っていく上で、その国や地域が長期的に持続成長できるよう心がけていくことが重要である。それこそが、私がアジアで気づき、本書で伝えたかった最大のポイントである。

　そしてそれは、かつてカンボジアで受けた衝撃に対し、企業人としてCSRを推進する自分なりの答えを模索する上においても、参考となる発見であった。

　ひとりの人間にできることは限られている。であるならば、自分の使命とは何か、社会のさまざまな問題に自分が貢献できることは何なのか。世界中の人々が少しでもそうした意識をもてば社会は変わる。研究者の端くれたる私自身にできること、それは、そうした意識をもち、行動しようとする人を増やすための触媒となることである。

　今回、著書『ヨーロッパのCSRと日本のCSR』などを通じ、日本のCSR分野をリードしてきた識者のひとりである藤井敏彦氏に共同執筆の誘いをいただいたことには、感謝以外の言葉が見つからない。本書がアジアの、そして日本のCSRを通じ、世界の持続可能な成長に貢献する「触媒」となることを望むばかりである。

　最後に、人類学者マーガレット・ミードの著名な言葉を贈りたい。

　「思慮があり、行動力のある人々は、たとえ少人数でも世界を変えられる——それを決して疑ってはならない。実際、それだけがこれまで世界を変えてきたのだから。」

　CSRに関心をもつ、読者一人ひとりが企業と社会を結ぶ触媒となり、世界

を変える主役となっていくことを期待したい。

2008年10月

新谷大輔

参考文献

第 1 章
[1] 藤井敏彦：『ヨーロッパのCSRと日本のCSR―何が違い，何を学のか』，日科技連出版社，2005年
[2] 藤井敏彦，海野みづえ：『グローバルCSR調達』，日科技連出版社，2006年
[3] European Business Declaration against Social Exclusion, 1995
[4] C. K. プラハラード（著），スカイライトコンサルティング（訳）：『ネクスト・マーケット』，英治出版，2005年
[5] Jason Clay, *Exploring the Links Between International Business and Poverty Reduction: A Case Study of Unilever in Indonesia,* 2005
[6] 高橋俊夫他：『EU企業論』，中央経済社，2008年
[7] 寺中誠他：『会社員のためのCSR入門』，第一法規，2008年
[8] *Newsweek* April 21/April 28, 2008
[9] WWF, Bank Track : *SHAPING THE FUTURE OF SUSTAINABLE FINANCE : MOVING THE BANKING SECTOR FROM PROMISES TO PERFORMANCE*
[10] *Financial Times Asia,* February 26 "China's good corporate citizens find their voice"
[11] European Multistakeholder Forum on CSR：*Final results & recommendation,* 2004

第 2 章
[1] スチュアート．L．ハート（著），石原薫（訳）：『未来をつくる資本主義』，英治出版，2008年，pp.11-13.
[2] 新谷大輔：「CSRの視点～ソーシャル・ライセンスからソーシャル・インベストメントへ」『THE WORLD COMPASS』，（株）三井物産戦略研究所，2006年10月
[3] *Asia Views,* Vol.1, No.21, January-February 2008, pp.5-17.
[4] 『ニューズウィーク日本版』，阪急コミュニケーションズ，2008年7月9日号，pp.38-81.
[5] Simon Zadek, "The path to corporate responsibility", *Harvard Business Review,* Vol.82, No.12, 2004
[6] 河口真理子：「サステナブルファイナンス～東アジア動向～」，大和総研コンサルティング・レポート，2008年7月8日
[7] 小島眞：『タタ財閥―躍進インドを牽引する巨大企業グループ』，東洋経済新報社，2008年

第 3 章
[1] Gerald F. Davis, Marina V.N. Whitman, Mayer N. Zald, "The Responsibility Paradox", *Stanford Social Innovation Review,* Winter 2008
[2] Michael E. Porter, Mark R. Kramer, "Strategy and Society: The Link Between Competitive Advantage and Corporate Social Responsibility", *Harvard Business Review,* Dec. 2006（邦訳は，『DIAMONDハーバード・ビジネスレビュー』2007年12月号「『公器』の経営」に所収）
[3] ニコラス．P．サリバン（著），東方雅美，渡部典子（訳）：『グラミンフォンという奇跡』，

英治出版，2007 年
[4] 『マテリアリティ・レポート～戦略，パフォーマンス，報告の整合』，AccountAbility，2007 年（日本語翻訳版）
[5] 『通商白書』，経済産業省，2005 年版
[6] 海部美知：『パラダイス鎖国―忘れられた大国・日本』，アスキー新書 54，2008 年

第 4 章

[1] 山口絵里子：『裸でも生きる―25 歳女性起業家の号泣戦記』，講談社，2007 年
[2] C. K. プラハラード（著），スカイライトコンサルティング（訳）：『ネクスト・マーケット』，英治出版，2005 年
[3] Allen Hammond, William J Kramer, Julia Tran, Rob Katz, Courtland Walker, *The Next 4 Billion: Market Size and Business Strategy at the Base of the Pyramid*, International Financial Corporation and World Resources Institute, 2007 (http://www.wri.org/publication/the-next-4-billin より英語版，日本語版ともに入手可能)
[4] 宮本千穂：「開発援助の新しい潮流：文献紹介 No.69」(http://dakis.fasid.or.jp/report/pdf/BriefingReviewNo69.pdf)
[5] C. K. Praharad, Allen Hammond, "Serving the World Poor, Profitably", *Harvard Business Review*, Vol.80, No.9, September 2002

第 5 章

[1] *The Millennium Development Goals Report 2007*, United Nations Department of Economic and Social Affairs, 2007
[2] 『人間開発報告書 2007/2008』，UNDP，2008 年 3 月（日本語翻訳版）
[3] 『ODA 白書』，外務省，2007 年度版

第 6 章

[1] 新原浩朗：『日本の優秀企業研究』，日本経済新聞社，2003 年，p.224
[2] Mario Molteni, "The Social-competitive innovation pyramid", *Corporate Governance*, Vol. 6 No. 4, 2006
[3] 猪口邦子，勝間和代：『猪口さん，なぜ少子化が問題なのですか？』ディスカヴァー・トゥエンティワン，2007 年
[4] 藤井敏彦，海野みづえ：『グローバル CSR 調達』，日科技連出版社，2006 年
[5] 寺中誠他：『会社員のための CSR 入門』，第一法規，2008 年，p.148
[6] 「経済成長戦略大綱」，経済産業省，2008 年
[7] 2008 年 6 月 19 日付『日本経済新聞』，「経済教室」

第 7 章

[1] ピエトラ・リボリ：『あなたの T シャツはどこから来たのか？』，東洋経済新報社，2007 年
[2] 『通商白書』，経済産業省，2008 年版
[3] 『通商白書』，経済産業省，2007 年版
[4] Andrew Moravcsik: "The Origins of Human Rights Regimes: Democratic Delegation in Postwar Europe", *International Organization*, Vol.54, No.2 (Spring, 2000), pp.217-252.
[5] *Financial Times Asia*, March 28, 2007, "A ringside view of history in the making"

●索　　引

【A-Z】
AFCSR　48
ASrIA　36
BANKWATCH　23
BOP（ボトム・オブ・ザ・ピラミッド）　12, 103, 108
BOP 市場　105
BOP 層　59
BOP ビジネス　59, 103, 109, 112
BOP ペナルティ　108
BRICs　180
Business Call to Action　127
C.K. プラハラード　103, 108
CSR Asia　48, 50, 79
CSR 調達　29, 33, 36, 85, 146
e-chopal（イー・チョーパル）　115
eco シリーズ　70, 102
GeSI（Global e-Sustainability Initiative）　165
GE アフリカ・プロジェクト　137
GONGO（官製 NGO）　46
GSB プログラム（持続可能なビジネス育成イニシアティブ）　118
GSR（Global Social Reponsibility ／地球規模の社会的責任）　120
ICICI 銀行　114
ISO14001　38
ITC（インドたばこ）　115
IT キオスク　110, 115
MDG Call to Action　127
MSC（Marine Stewardship Council: 海洋管理協議会）　163
NEXT11　180
NTT データ　21
ORBIS Flying Eye Hospital　138
Phones for Health　119
RSPO（持続可能なパーム油のための円卓会議）　103

SA8000　39
Singapore Compact for CSR　41
SR（社会的責任）規格　82
SRI　50
The Next 4 Billion　104
Tree1 Plus　70
UNDP（国連開発計画）　118
WWF　23

【あ行】

アカウンタビリティ（AccountAbility）社　46, 82
アニマルウェルフェア（動物福祉）　161, 165
アムネスティ・インターナショナル　22
アンナプルナ・ソルト　111
インドネシア　42
失われた十年　178
エイズ対策　20
欧州委員会　148
欧州人権裁判所　190
欧州人権条約　190
欧州評議会　189
欧州連合（EU）　148
オックスファム　12
温暖化対策税国境調整　171

【か行】

外資企業　30, 33, 96
外部不経済　42, 89
強制労働　16
グラミン銀行　48, 112
グローバリゼーション　122
グローバル化　50
グローバル・コンパクト　41, 122
現地化（土着化）　31
コーズ・リレーテッド・マーケティング　141

国家電網　39, 53
コミュニティ　42, 78

【さ行】
最貧困層　106
サイモン・ザデック　46
サブサハラ・アフリカ　129, 131
サプライチェーン　19
シェル　15
持続可能な成長　79, 85, 88, 96, 126
持続可能な発展　123
持続可能な発展に関するヨハネスブルグ宣言　182
社会起業家　50, 90, 98
社会貢献活動　14, 32, 44
社会的企業(ソーシャル・エンタープライズ)　99
社会的排除に反対するヨーロッパ・ビジネス宣言　4
シャクティ・アマ　110
シャクティ・ヴァニ　110
ジャムシェドプール　42, 59, 61
シンガポール　40
水道哲学　146
スーダン　133
ステークホルダー　50, 58, 82, 89, 157, 160
住友化学　127, 141
生活の質(Quality of life/QOL)　63, 71
生物多様性　160
ソーシャル・ビジネス　98, 102, 113
ソーシャル・マーケティング　99
ソーシャル・ライセンス　31

【た行】
大メコン河流域圏(GMS)開発　88
多国籍企業　30, 31, 33, 44
タタ・グループ　59, 60
タタ・スチール　61, 62, 63

ダノン　112
地域社会　77, 96
チェックシート型CSR　94
地球温暖化問題　161
中国　39, 44
中小企業　34, 35
鉄公鶏　44
動物実験　169
トタル社　7
土着化　30, 96
土着力　31
トヨタの南アフリカ工場　20

【な行】
ナイジェリア　15
日本企業　86, 89, 96
ネクスト・マーケット　103

【は行】
ハインツ・ランダウ　46
パーム油　164
パラダイス鎖国　93
貧困層　103
貧困問題　120
ヒンドゥスタン・ユニリーバ　31, 110
フィリピン　42
フェアトレード　19, 99, 101
プロジェクト・シャクティ　110
プロダクト・レッド　140
ベーシック・ヒューマン・ニーズ　86, 121, 134
ベトナム　39, 92
ベトナム・ビジネス・リンクス・イニシアティブ（Vietnam Business Links Initiative
　／VBLI）　34
ペニー・ロウ　47
法令遵守　24

ボーダフォン(Vodafone)　80
本業を通じたCSR　97

【ま行】

マイクロクレジット　121
マイクロソフト　127
マイクロファイナンス　109, 114, 121
マイケル・ポーター　49, 79
マザーハウス　99
マテリアリティ　73, 81
マレーシア　53
三井物産　127
ミレニアム開発目標　122, 126, 127, 131
ムハンマド・ユヌス　112
メリッサ・ブラウン　36
メルク　32
メルク　タイランド　33, 46

【や行】

山口絵里子　100
ユニリーバ　31, 110
ユニリーバ社　12
ヨード欠乏症　111

【ら行】

ライセンス(許可証)　30
李偉陽　57
レノボ　37, 39
レピュテーションリスク　113
労働基準　172

【わ行】

ワンダー・ワールド・プロダクツ　38, 69, 102

【著者紹介】

藤井敏彦（ふじい　としひこ）

1987 年　東京大学経済学部卒業、同年通商産業省（現経済産業省）入省
1994 年　ワシントン大学 MBA
2000 年より 2004 年までベルギー・ブラッセルの在欧日系ビジネス協議会の事務局長を勤め、日本の対 EU ロビイストの草分けとして活躍。EU ステークホルダー会合への参加など CSR についても議論の出発点から関与。
CSR のほか、欧州の環境規制やビジネス事情などについての講演、寄稿多数。主著に『ヨーロッパの CSR と日本の CSR ―何が違い、何を学ぶのか。』（日科技連出版社、2005 年）、『グローバル CSR 調達―サプライチェーンマネジメントと企業の社会的責任』（日科技連出版社、2006 年、編著）、『EU のガヴァナンスと政策形成』（慶應義塾大学出版会、2008 年、共著）などがある。
現在、経済産業省勤務、独立行政法人経済産業研究所コンサルティングフェロー兼務。
weeeros@hotmail.com
執筆担当：まえがき、第 1 章、第 6 章、第 7 章

新谷大輔（しんたに　だいすけ）

1995 年　上智大学法学部卒業、98 年同大学院法学研究科修了（国際政治学専攻）
1999 年　（株）三井物産戦略研究所入社、現在に至る。
大学院時代から NGO の可能性に着目。NGO の視点と企業の視点の両者を合わせた CSR 戦略の策定に取り組む。同時にベトナムなど新興アセアン諸国に関する調査・分析も行っており、アジアの社会発展に企業と NGO/NPO が及ぼす影響に関心をもっている。また、まちづくりや環境教育など、実践の場にも研究を活かすべく活動している。
専門分野は、NGO/NPO、CSR、ソーシャル・キャピタル論など。同分野に関する論文、寄稿、講演等多数。立教大学大学院 21 世紀社会デザイン研究科兼任講師、同大学 ESD 研究センター CSR 研究チーム研究員、NPO 法人社会的責任投資フォーラム運営委員。主著に、『会社員のための CSR 入門』（第一法規、2008 年、共著）などがある。
das720@gmail.com　http://das.seesaa.net
執筆担当：第 2 章、第 3 章、第 4 章、第 5 章、あとがき

アジアのCSRと日本のCSR
──持続可能な成長のために何をすべきか

2008年10月30日　第1刷発行
2011年2月7日　第2刷発行

著　者　藤井敏彦
　　　　新谷大輔
発行人　田中　健
発行所　株式会社日科技連出版社
　　　　〒151-0051 東京都渋谷区千駄ヶ谷 5-4-2
　　　　電話　出版 03-5379-1244　営業 03-5379-1238～9
　　　　振替口座　東京 00170-1-7309
　　　　URL　http://www.juse-p.co.jp/

印刷・製本　河北印刷株式会社

© *Toshihiko Fujii, Daisuke Shintani* 2008
Printed in Japan
本書の全部または一部を無断で複製（コピー）することは、著作権法上での例外を除き、禁じられています。
ISBN978-4-8171-9287-5